장위제일교회 새벽기도학교

삶의 질을 결정하는 믿음의 기도

김기원 목사 지음

좋은 책으로 하나님의 사람을 만들어 가는

엘 맨

제23차 — 26년째 한 번도 빠짐없이 계속되어온
총동원 새벽기도학교에 "귀하를 초대합니다."

♣ 주제 : 삶의 질을 결정하는 믿음의 기도 (야고보서 5:15-18)

강사

담임목사 **김 기 원**

기도로 살맛나는 성도 되기를!

다니엘은 기도 안하고 사느니보다 기도하고 죽는 길을 택했습니다.

그 이유는 기도 없이 사는 것은 아무런 의미가 없기 때문입니다.

기도를 쉬는 것은 죄입니다. 그 이유는 하나님을 무시하는 행위요, 명령에 불순종하는 행위요, 삶의 사명을 망각하기 때문입니다.

금번 제23차 총동원 새벽기도학교는 "삶의 질을 결정하는 믿음의 기도"에 대해 배우고, 기도하고자 합니다. 그리고 제23차는 73가지의 중보기도제목을 가지고 담당자들이 기도할 것이고, 또한 함께 기도할 것입니다.

기대되는 특별새벽 기도학교 기간입니다.

아무쪼록 온 가족 동원하여 새벽에 도우시는 하나님의 은총과 응답을 받는 축복의 기간이 되기를 바랍니다.

감사합니다. 할렐루야! 마라나타!

장 위 제 일 교 회
담임목사 김 기 원

2005. 11. 20(주일) ~ **12. 4**(주일) 15일간
장위제일교회 본당(2층) ☎ 942-6881~2

♣ 대상 : 본 교회 교우 및 누구든지
♣ 강사 : 김 기 원 목사

(장위제일교회 담임/ (사)한국 기독교 문화예술 총연합회 회장/
(월간)창세문학 이사장 / 국내집회 600여회, 국외집회130회, 26개국선교집회/ 저서 75여권)

♣ 새벽기도학교 말씀강론 ♣

일	날 짜	본 문	제 목
제 1일	11/20(주일)	창 8:17-21	새벽기도하면 부자 된다.
제 2일	11/21(월)	출 14:21-31	새벽기도하면 홍해가 열린다
제 3일	11/22(화)	수 6:15-21	새벽기도하면 여리고가 무너진다.
제 4일	11/23(수)	마 18:20/행12:1-19	합심기도하면 옥문이 열린다.
제 5일	11/24(목)	행 2:1-4	합심기도하면 성령충만 받는다.
제 6일	11/25(금)	행 4:31-37	합심기도하면 교회부흥 된다.
제7,8일	11/26,27(토,주일)	행 4:23-26/5:12-16	합심기도하면 병 고침 받는다.
제 9일	11/28(월)	삼상 14:36-37	합심기도하면 문제가 해결된다.
제10일	11/29(화)	사 58:6-9/미6:16-18	금식기도하면 모든 문제 풀린다.
제11일	11/30(수)	눅 6:12/시119:55,62	철야기도하면 승리한다.
제12일	12/1(목)	눅 9:28-36	산상기도하면 신령한 체험한다.
제13일	12/2(금)	삼상1:1-10-20/사55:17/단6:10	작정기도하면 소원 성취된다.
제14일	12/3(토)	약 5:16/출 32:32	중보기도는 성도의 사명이다
제15일	12/4(주일)	창12:7-8/행10:2	가족기도하면 영육의 복을 받는다

대한예수교
장 로 회 **장위제일교회**
CHANGWI FIRST PRESBYTERIAN CHURCH

136-831 서울특별시 성북구 장위3동 79-12
☎교회 942-6881~2 목양실 943-9041 FAX:942-6883
E-mail:Changwi2000@Yahoo.co.kr   홈페이지: www.changwiprech.or.kr

■ **책머리에**

80년대에 목회 재수생이 되었으니까, 어언 26년이 지나갔습니다.

목회를 다시 시작함과 동시에 총동원 새벽기도 학교를 시작했으니까 벌써 51회가 지났고, 장위제일교회에서만도 24차를 지났습니다.

목회를 다시 시작하고 나서 너무 힘들고 아니꼽고 하기 싫어서 자살이 죄가 아니라면 자살하고 싶은 충동이 한 두 번이 아니었던 날들이 지금도 쓰라린 기억으로 생생히 남아있습니다.

그러나 저 자신의 기도와 주위의 기도, 특별히 성도들의 간절한 기도의 함성이 저를 행복하게 했고, 지칠줄 모르는 열정의 목회와 집회, 집필, 가르침을 계속하게 했습니다.

기도시간마다 기대했고, 행복했고, 기사와 표적도 이루 말할 수 없었습니다.

우리의 기도의 소리가 더 높아지고, 기도의 수가 더 늘어나고, 기도의 지경이 더 넓혀지기를 기대하면서 제 23, 24차 우리들의 기도를 책으로 만들어 나눕니다.

할렐루야!

마라나타!

김기원 목사

제 23 차
총동원 새벽기도학교

♣ 주제 : 삶의 질을 결정하는 믿음의 기도(약 5:15-18)

기간 : 2005년 11월 20일(주일) - 12월 5일(월)

제 1 일 (2005. 11. 20 주일)

새벽기도하면 부자 된다

(잠 8:17-21)

부자 되기를 원하시는 분은 "아멘" 하시기 바랍니다.

하나님은 내가 부자 되기를 원하는 것보다 더 간절히 원하십니다. 그리고 응답해 주시기 위해 만반의 준비를 다하고 계십니다.

부모는 자식이 잘 되기를 원합니다. 자기 자신이 잘 되기를 원하는 것보다 더 원합니다. 하나님은 우리 아버지십니다. 하나님은 우리를 잘 되게 하시고자 선지자들을 보내어 가르쳐 주셨습니다.

예수님을 보내주셨습니다. 성경을 주셨습니다. 보혜사 성령을 보내 주셨습니다.

1. 하나님은 부자이십니다(8:18-19).

하나님이 하늘과 땅을 지으셨습니다.

요한복음 15장 16절에 「… 내 이름으로 아버지께 무엇을 구하든지 다 받게 하려 함이니라」고 했습니다.

2. 하나님을 찾는 자는 부자 됩니다(8:17).

「간절히」 찾는 것이 기도입니다. 「간절히」는 새벽에 찾는 것을 의미합니다. 새벽기도입니다. 새벽기도하면 부자된다는 의미입니다. 왜 그렇습니까? 하나님에게는 부귀와 장구한 재물이 다 있기 때문입니다.

3. 새벽기도는 하나님을 사랑하는 증거입니다.

요한일서 4장 19절에 보면 하나님이 먼저 우리를 사랑하셨습니다.

그러므로 우리도 하나님을 사랑해야 합니다. 사랑의 응답은 필히 사랑이어야 합니다.

사랑의 짝은 사랑입니다. 하나님은 하나님을 사랑하는 자에게 모든 것을 주십니다.

시편 46장 5절에 보면 「…새벽에 하나님이 도우신다」고 했습니다.

성경에 보면 하나님이 역사 속에 새벽에 도우신 사건이 많이 있습니다.

① 새벽은 첫 시간을 바치는 기도입니다(잠 3:9,10).

② 예수님이 새벽기도를 하셨고, 모범을 보이셨습니다(막 1:35).

③ 새벽에 응답하셨습니다(시 116:2).

하나님은 살아 계십니다.

우리의 기도를 들으시고, 우리의 행위를 보십니다.

"너희는 먼저 그 나라와 그 의를 구하라. 그리하면 이 모든 것을 더 하시리라"고 했습니다.

하나님 만나면 다 됩니다.

새벽기도는 하나님 먼저 만나는 것입니다.

부자 되는 길이 있습니다. 새벽기도 하십시다.

제 2 일 (2005. 11. 21 월)

새벽기도하면 홍해가 열린다

(출 14:21-31)

모세는 홍해 앞에서 기도했습니다.

이스라엘 백성을 애굽에서 나갈 수 있도록 허락해 준 바로는 마음이 변하여, 기병대를 명령하며 이스라엘을 추격했습니다.

열 재앙 때문에 마지못해 허락해 준 바로는 또 다시 본색을 드러냈던 것입니다.

이스라엘 백성들은 두려움에 사로잡히게 되었습니다.

이스라엘 백성들은 하나님께 부르짖었습니다. 그러나 그 부르짖음은 믿음과 확신에 의한 부르짖음이 아니었기에 이내 모세에 대한 원망이 번져 나갔습니다.

정말 인간적으로 볼 때 막연합니다. 앞에는 홍해입니다. 뒤에는 애굽의 기병대가 추격하여 오고 있습니다. 막히지 않은 곳은 하늘 밖에 없습니다.

모세는 하나님께 기도했습니다. 엎드려 기도했습니다(출 17:10).

하나님은 모세의 간절한 기도를 들으셨습니다. 하나님이 모세에게 지시하셨습니다.

"지팡이를 들고 손을 바다위로 내밀어 그것으로 갈라지게 하라"고

하셨습니다.

모세가 명령에 순종하여 바다위로 지팡이를 내어 밀 때 홍해는 갈라지게 되었습니다.

바다가 육지처럼 되었습니다. 이스라엘 백성들은 마르게 된 바닷길 땅을 밟고 홍해를 건넜습니다.

막다른 골목, 죽음에 이르는 길에서, 즉 사망의 바다에서 오히려 생명을 얻었습니다.

홍해의 물은 다시 합해졌습니다. 그때가 새벽이었습니다(24).

이제는 애굽과는 영원한 이별입니다. 이제 다시는 애굽으로 갈 수 없습니다.

애굽의 매임에서 완전히 벗어났습니다.

애굽 군대와 바로의 말들의 추격은 실패하고야 마는 무모한 추격이었습니다.

애굽의 군대들도 여호와께서 이스라엘을 위해 싸우고 계심을 깨달음이 있었으나 때늦은 깨달음이었습니다.

우리는 이 사건을 통하여 하나님의 심판과 구원의 양면성을 볼 수가 있습니다.

새벽에 일어난 죽음의 참상과 구원의 노래를 볼 수 있습니다.

사랑하는 성도 여러분!

기도가 생명이요, 기도가 구원이요, 기도가 능력입니다.

기도하면 홍해가 열립니다.

우리를 가로막고 있는 홍해가 있습니까?

열리는 축복이 있기를 바랍니다.

새벽기도로 여시기 바랍니다.

기도하면 열립니다.

제 3 일 (2005. 11. 22 화)

새벽기도하면 여리고가 부너진다

(수 6:15-21)

이스라엘 백성이 여리고를 정복하지 아니하면 가나안 땅에 들어갈 수 없습니다.

40년간 광야에서의 고생과 훈련이 헛수고 됩니다.

이스라엘 백성들은 여호수아의 지도하에 6일 동안 여리고 성을 반복적으로 공략했습니다. 이 반복된 공략은 하나님의 방법이었습니다.

그리고 제7일 새벽에 그들이 일찍이 일어나서 여전한 방법으로 성을 일곱 번 돈 후, 제사장들은 나팔을 불고 백성들은 동시에 크게 소리 지를 때, 여리고 성은 성벽이 무너지고, 여리고 백성들은 전멸 당하게 된 것입니다.

하나님은 새벽에 도우십니다.

새벽은 기쁨을 공급받는 시간입니다(시 30:5).

새벽에 여리고성은 무너져 내렸습니다.

이스라엘 백성은 새벽부터 순종했습니다. 이스라엘 백성은 새벽부터 나팔을 불었습니다. 새벽부터 큰 소리로 외쳤습니다. 새벽에 승리했습니다.

여러분, 여리고를 무너뜨리지 못하면, 여리고를 정복하지 못하면, 지금까지의 모든 수고가, 모든 훈련이 헛수고 됩니다.

하나님은 하나님의 말씀에 순종하는 자에게, 새벽에 기도하는 자에게 진로를 가로막고 있는 문제를 해결해 주십니다. 무너뜨려 주십니다.

o 사업의 여리고가 있습니까?

o 가정의 여리고가 있습니까?

o 진로의 여리고가 있습니까?

o 건강의 여리고가 있습니까?

o 영적인 여리고가 있습니까?

o 생활의 여리고가 있습니까?

새벽기도하시기 바랍니다. 새벽부터 부르짖으시기를 바랍니다.

무너지고야 말 것입니다. 해결되고야 말 것입니다.

여리고는 하나님의 능력이 아니면, 기도의 능력이 아니면, 합심기도의 능력이 아니면, 여리고는 무너지지 아니합니다.

이번 약 3주간 새벽마다 기도하는 중에 여리고가 무너지기를 주님의 이름으로 축원합니다.

제 4 일 (2005. 11. 23 수)

합심기도하면 옥문이 열린다.

(마 18:20, 행 12:1-19)

합심기도란 글자 그대로 마음을 합하여 드리는 기도입니다.

우리 성도들의 문제나, 교회 문제, 또는 나라와 민족을 위하여 함께 한 마음으로 드리는 기도입니다.

합심기도는 함께 모여서 드려야 합니다.

기도에는 협력이 필요하고, 혼자 드리기보다 더 많은 사람이 드리는 것이 힘이 있고 응답이 빠릅니다.

1. 합심기도는 위기를 물리칠 수 있습니다.

베드로가 옥에 갇혔을 때, 성도들이 그를 위해 간절히 합심기도 했습니다(행 12:5).

그럴 때 천사를 보내어 베드로를 구출해 주었습니다. 우리는 어떤 문제가 있을 때 지혜가 동원되고 경험이 참고 되는 것도 중요하지만 그것보다 하나님을 전적 의지하고 합심해서 기도하는 것을 하나님이 더 기뻐하십니다.

2. 합심기도는 이웃을 위해서도 해야 합니다(약 5:16).

자신을 위해 합심기도를 부탁하는 것도 지혜로운 일입니다.

그러나 이웃의 문제를, 나의 문제처럼 기도해 주는 것이 너무나 보람된 일이고, 하나님이 기뻐하시는 일입니다.

우리는 서로 서로 짐을 져주는 자세가 필요합니다(갈 6:2).

서로를 드러내지 않고 감추는 관계는 주 안에서의 형제 관계가 아닙니다(갈 5:13).

3. 성도들의 기도 모임에는 주님이 언제나 함께 하십니다(마 18:20).

주님이 공개하셨습니다. 이것은 주님의 지극한 관심을 노출시킨 것입니다. 기도하는 곳에는 주님이 계셔야 기도다운 기도가 되고 응답이 됩니다.

4. 합심기도 할 때 가져야 할 자세(엡 2:14).

① 한 마음이 되어야 됩니다(엡 2:14).

각자가 다른 생각을 가지고 있으면 안 됩니다.

② 서로 사랑하는 마음이 가득해야 합니다(요일 3:16).

그러면 놀라운 응답과 기적이 나타납니다.

③ 하나님의 능력을 사모해야 합니다.(렘 33:3)

④ 응답에 대한 확신이 있어야 합니다(시 9:10).

초대교회가 합심기도 할 때 성령 충만을 받았습니다(행 2:1-4).

방언의 은사도 내렸습니다. 능력의 역사가 나타났습니다(행 4:29-31).

요나서 3장 10절에 보면 하나님의 용서와 은총이 내렸습니다.

디모데전서 2장 2절에는 평안한 생활을 하게 되었습니다.

기도할 때 성령이 오시면 마음의 평안이 찾아오고, 마음이 평안하면 응답받은 증거입니다.

제 5 일 (2005. 11. 24 목)

합심기도하면 성령 충만 받는다

(행 2:1-4)

우리는 무엇보다 성령 충만 받아야 됩니다.

성령 충만하지 않고는 능력도, 사명감당도 불가능합니다. 능력 받아야 세상과 죄악과 마귀를 이깁니다. 또한 자신의 욕심의 찌꺼기를 제거하고, 날마다 변화된 생활이 가능합니다.

우리가 마음에는 원이로되 육신은 약합니다. 그러므로 성령 충만 받아야 됩니다.

1. 먼저 성령 받아야 합니다.

성령 받아야 성령을 통해 기도를 배웁니다(롬 8:28, 막 10:38).

하나님의 뜻대로 기도하도록 가르치십니다(고전 2:10, 요 14:16, 17, 26).

또한 성령이 기도를 중보하십니다(롬 8:27).

성령이 성령 안에서 기도하게 하시고(엡 6:18), 능력 있는 기도를 하게 하시고(약 5:16), 확신 있는 기도를 하게 하시고(막 11:24), 끊임없이 기도하게 하십니다(살전 5:17).

우리가 기도해야 되겠다는 생각 자체가 성령의 감동입니다.

우리와 함께 하시고, 우리 안에 거하시는 성령은 우리를 거듭나게 하셨을 뿐 아니라(요 3:5) 우리를 기도하도록 인도하십니다(롬 8:27).

더 세밀히 말씀드리면 기도의 제목까지도(시 20:4) 기도할 수 있는 힘도 성령이 주십니다(마 26:39).

2. 성령 충만 받아야 됩니다(마 12:28).

충만은 능력입니다. 장성한 분량입니다.

성령의 충만 받아야 원수 마귀가 한 길로 왔다가 일곱 길로 도망합니다(마 12:28).

성령 충만해야 순교합니다. 베드로, 야고보, 요한, 바울, 스데반 보십시오.

생명 걸고 복음 전하고, 앉은뱅이가 일어나고, 능력이 나타나지 않았습니까?

성령 충만해야 죄를 책망하는 용기가 생깁니다(미 3:8).

능력의 설교가 가능합니다(행 4:33).

3. 합심기도하면 성령 충만 받습니다.

초대교회는 합심기도 할 때마다 큰 능력의 역사가 일어났습니다.

예수 그리스도는 어제나 오늘이나 영원토록 동일합니다(히 13:8).

큰 직분 받고 성령 충만 받지 아니하면 화가 됩니다.

합심기도하면 동시에 성령 충만 받는 역사가 일어나고, 합심기도 한 기도의 제목이 이루어집니다.

믿으시기 바랍니다.

제 6 일 (2005. 11. 25 금)

합심기도하면 교회가 부흥 된다

(행 4:31-37)

성도는 교회를 위해 필히 기도해야 합니다.

성경은 성도들이 교회를 위하여 함께 기도할 것을 교훈하고 있습니다(골 1:3, 살전 5:25, 살후 1:11, 3:1, 몬 1:22, 히 13:18).

교회를 사랑하는 자는 교회가 늘 그 마음에 자리 잡고 있기에 기도하게 됩니다.

사도 바울은 날마다 교회를 위하여 기도한다고 고백하고 있습니다(엡 1:16).

1. 초대교회는 교회다운 교회가 되기를 기도했습니다(31).

교회의 머리는 성부 성자이십니다(롬 12:5, 골 1:14, 2:19).

교회 통치자이십니다(행 15:6, 28).

교회는 성도들의 삶의 근거지입니다(마 10:10).

우리가 교회를 위해 기도할 때 진리의 말씀만 선포되는 교회가 되도록 기도해야 합니다.

우리 교회 목회 비전은 교회다운 교회, 직분다운 직분, 성도다운 성도입니다.

가르치는 교회, 배우는 성도, 순종하는 성도, 기도하는 성도가 되도록 기도해야 할 것입니다.

우리는 교회다운 교회가 되도록 기도해야 합니다.

2. 초대교회는 하나님의 권능이 나타났습니다(32-33).

기사와 표적이 많이 나타났습니다.

사람들이 교회를 두려워했습니다. 교회는 영권이 있어야 합니다. 교회나 교회의 지도자는 영권을 잃어버리면 엘리제사장처럼 되어버립니다.

맛 잃은 소금은 아무 쓸데 없듯이 영권을 상실한 교회는 세상의 조롱거리가 됩니다.

우리는 핍박의 대상은 되어도, 조롱의 대상이 되면 안 됩니다.

음부의 권세가 이기지 못하는 교회(마 16:18), 영권이 있는 교회가 되기를 기도해야 합니다.

그렇게 되기 위해서는 믿음의 교회, 겸손한 교회, 기도의 역사가 나타나는 교회가 되도록 기도해야 합니다.

3. 초대교회는 모여서 합심기도 할 때 하나님의 사랑이 충만한 교회가 되었습니다(34-37).

성도들이 마음과 물질을 드리면서 사랑하는 교회였습니다. 사랑은 교회의 본질이요, 표적입니다(요일 3:13-19).

사랑이 있는 교회이어야 하나님께 인정받고, 세상 사람들에게도 인정받을 수 있습니다. 사랑은 자신의 것을 손해 보면서 사는 것입니다.

4. 합심기도 할 때 교회는 부흥되었습니다(37).

교회다운 교회가 되었습니다. 하나님께 감사하며 찬송했습니다. 세상에서 칭송을 받았습니다. 합심기도는 먼저 자신이 살고 교회를 살립니다.

그리고 나라와 민족을 살립니다. 무엇보다 교회가 힘 있는 교회가 됩니다.

제 7, 8 일 (2005. 11. 26 ~ 27 토, 주일)

합심기도하면 병고침 받는다

(행 4:23-26, 5:12-16)

기도에는 협력이 필요합니다.

모세가 이스라엘을 위하여 두 손 높이 들고 기도할 때 아론과 훌이 도와주었습니다. 합심기도 할 때 옥문이 열리고, 성령충만 받고, 교회가 부흥되었습니다(행 12:5, 2:47).

성도들의 기도모임에는 언제나 하나님이 함께 하십니다(마 18:20).

합심기도는 한 마음으로 하는 것입니다(엡 2:14).

또한 서로 서로 사랑하는 마음이 있어야 합니다(요일 3:16).

하나님의 능력을 믿고(렘 33:3), 확신을 가져야 합니다(시 9:10).

○ 합심기도하면 치유의 역사가 일어납니다.

1. 육신의 병에서 고침을 받습니다.

금란교회 김모권사님이 간암으로 수술을 하려고 열어봤더니 암이 너무 퍼져서 손을 댈 수가 없어서 그대로 닫아 버렸습니다. 그런데 목사님과 온 성도가 합심기도 했습니다. 그 다음 아무런 고통을 느끼지 못해 병원에 가서 진찰을 하니까 간암이 온데간데없었습니다. 기적이 일어났던 것입니다.

우리 교회 한영희 집사님이 옛날에 수술했던 부분이 너무 아프고 답답해서 병원에 가서 사진을 찍어 보았더니 수술했던 구멍이 다 막히어 수요일 수술 날짜를 받아놓고 주일날 눈물을 글썽이며 기도 부탁을 하기에 저와 교역자들과 성도들이 함께 기도하며 안수기도 했습니다.

수요일 수술 받으러 갔다가 구멍이 뻥 뚫려 있어 수술하지 않고 돌아왔습니다. 합심기도하면 육신의 병에서 고침 받습니다. 기적이 일어납니다.

2. 예수 그리스도는 어제나 오늘이나 영원토록 동일하십니다(히 13:8).

병을 이길 수 있는 믿음만 있으면 치유의 기적은 나타납니다.

출애굽기 15장 26절에 "…치료하는 여호와임이니라"

시편 103편 3절에 "저가 네 모든 죄악을 사하시며 네 모든 병을 고치시며"라고 했습니다.

사도행전 10장 38절 "마귀에게 눌린 자를 고치셨으니 이는 하나님이 함께 하셨음이라"고 했습니다.

믿음의 기도는 병든 자를 구원합니다(약 5:15).

기도하면 합심기도하면 오늘도 치유의 기적은 일어납니다.

초대교회는 사도들이 기도했습니다.

성도들이 소리 높여 기도했습니다.

성도들이 합심하여 기도했습니다.

그럴 때 기적이 일어났습니다.

할렐루야!

제 9 일 (2005. 11. 28 월)

합심기도하면 문제가 해결 된다

(삼상 14:36-37, 7:5-12)

응답되지 않는 기도가 있습니다.

○ 믿음이 적은 기도(마 17:20)

○ 의심하고 기도할 때(약 1:6-7)

○ 죄를 두고 기도할 때(요 9:31, 시 66:18)

○ 진심으로 구하지 아니할 때(약 4:3)

○ 한풀이 목적의 기도(마 18:35)

○ 정욕으로 구할 때(약 4:2)

○ 우상숭배하면서 기도할 때(레 11:4)

○ 명예심으로 구할 때(행 8:18-23)

○ 외식의 기도(눅 18:11)

○ 함부로 구하는 기도(전 5:2 ,마 6:7)

○ 불쌍한 자를 돕지 아니하면서 구하는 기도(잠 21:13)

○ 감사가 없는 기도(눅 17:12-18)

사울은 하나님께 버림받았습니다.

버림받은 자의 기도는 듣지 아니합니다. 그는 회개의 기회를 잃어버렸습니다.

그는 하나님을 의지하지 아니했습니다. 그는 하나님의 뜻을 무시했습니다.

그러나 미스바에 모인 합심기도는 응답이 되었습니다.

1. 미스바의 합심기도는 회개를 촉구하는 기도였습니다(6).

시편 66장 18절에 "내가 내 마음에 죄악을 품으면 주께서 듣지 아니하시리라"고 했습니다.

회개하면 죄사함 받습니다.

회개하면 불쌍히 여김 받습니다.

회개하면 육신의 병도 고침 받습니다.

회개하면 축복을 받게 됩니다.

회개하면 성령의 은사를 받습니다.

2. 미스바의 합심기도는 금식기도였습니다(6).

금식기도는 생명을 건 기도입니다.

금식기도는 기도에 전념하는 기도입니다.

3. 미스바의 합심기도는 쉬지 않고 부르짖는 기도였습니다(8).

열심히 기도했습니다.

많이 기도했습니다.

힘써 기도했습니다.

정성을 바쳐 기도했습니다.

미스바의 합심기도는 문제가 해결되었습니다. 블레셋을 이겼습니다.

하나님이 이기게 해주셨습니다(10). 문제가 해결되었습니다.

블레셋은 영적으로 사단의 세력의 상징입니다. 기도해야 원수 마귀가 물러갑니다.

기도해야 영적인 전쟁에 승리합니다. 기도해야 문제가 해결됩니다.

제 10 일 (2005. 11. 29 화)

금식기도하면 모든 문제 풀린다

(사 58:6-9, 마 6:16-18)

금식기도는 예수님이 하셨습니다(마 4:2).

구약시대 에스라, 에스더, 다니엘 등도 금식기도 했습니다. 국가적 재난 때문에 금식기도 하기도 했고(삼상 31:11-13), 슬픈 사건 때문에 금식기도 하기도 했고(삼하 12:16), 에스라는(4:16) 닥쳐오는 위기 앞에서 금식하며 기도했습니다.

또한 국가적 차원에서 회개할 때 금식하며 회개했습니다. 그 외에도 성직자 임명할 때도 기도한 적이 있습니다(행 13:3).

금식기도는 예수님이 하라고 하셨습니다(눅 5:35).

1. 금식기도하면 환난에서 하나님의 도우심을 받을 수 있습니다(시 50:15).

금식기도는 자신의 죄와 허물을 발견케 하고, 회개하도록 합니다(호 10:12).

금식기도하면 하나님의 지시를 받게 되고(행 13:2), 권능을 얻을 수 있습니다(행 9:8, 9).

금식기도하면 국난을 극복하도록 해주십니다(요엘 2:15-17).

요나의 전도를 받은 니느웨성 온 백성의 금식 회개 기도는 심판을 면하게 해주셨습니다.

2. 금식기도하면 영적으로 승리합니다(마 17:18).

금식기도하면 마귀를 이깁니다. 예수님은 금식기도 후 사단의 유혹을 물리치셨습니다. 금식기도하면 사단의 결박에서 해방됩니다.

에스라의 금식기도는 강대국 느부갓네살을 항복시켰습니다. 느부갓네살왕이 이스라엘 백성을 돌려보내주고 고국으로 돌아가 성전을 재건하도록 풀어주었던 것입니다.

3. 금식기도 시 주의사항

○ 준비 없이 하지 말아야 합니다.

○ 공명심으로 하면 안 됩니다.

○ 의도적으로 큰 권능받기 위해 해서도 안 됩니다.

○ 특히 금식기도 후가 더 힘들기 때문에 조심해야 합니다.

금식기도하면 문제가 풀립니다.

제 11 일 (2005. 11. 30 수)

철야기도하면 승리한다

(눅 6:12, 시 119:55-62)

야곱은 얍복강변에서 밤을 새워가며 기도했습니다.

이 철야기도가 야곱을 이스라엘로 변화시키는 계기가 되었습니다.

야곱은 20년 전 형 에서가 두려워 도망갔는데, 에서가 400인을 거느리고 야곱을 맞으러 온다는 소식을 듣고 가족들과 종들을 먼저 보내고 야곱은 밤을 새워가며 부르짖었던 것입니다.

그는 밤을 새워가며 생명을 건 기도를 드렸습니다. 날이 새기까지 홀로 씨름하는 기도제단이었습니다. 그럴 때 문제는 해결되었습니다.

1. 철야기도하면 신앙 승리, 생활 승리합니다.

야곱만 승리한 것이 아니라, 우리도 승리합니다. 사무엘이 사무엘 된 것도 기도 때문입니다. 사무엘상 15장 11절에 보면, "사무엘이 근심하여 온 밤을 여호와께 부르짖으니라"고 했습니다. 예수님께서도 십자가를 앞에 두고 밤을 지새우고 기도했습니다. 그래서 승리했던 것입니다.

2. 초대교회 철야기도는 영적 전쟁에서 승리하게 했던 것입니다(행 12:5-12).

초대교회는 지도자 사도 베드로를 위하여 밤을 지새우며 기도했습니다.

그 결과 천사의 도움으로 베드로가 옥에서 구출되었던 것입니다.

바울과 실라도 옥중에서 밤을 새우며 기도하고 찬송했습니다. 문자 그대로 철야기도입니다. 그럴 때 기적이 일어났습니다.

영적인 전쟁에서 승리했습니다. 철야기도는 간절한 기도이기에 승리합니다.

철야기도는 그리스도의 고난에 동참하는 기도이기에 승리합니다.

철야기도는 육신의 리듬이 휴식하는 시간이기에 양심의 소리를 들을 수 있고, 하나님과 깊은 교제의 시간을 가지는데 유익한 시간이기에 승리의 역사를 체험하게 됩니다.

사랑하는 성도 여러분!

밤을 새워 기도해 본 경험이 없는 자에게 인생을 논하고, 신앙을 논할 수준이 되겠는지 생각해보며, 다짐합시다.

철야기도하면 승리합니다.

철야기도 합시다.

강권합시다.

제 12 일 (2005. 12. 1 목)

산상기도하면 신령한 체험한다

(눅 9:28-36)

"기도"에 대한 용어의 뜻 중에는 축복, 은혜, 선물이라는 뜻이 있습니다.

기도한다는 자체가 축복이요, 은혜요, 선물인 것은 문제해결의 열쇠이기 때문입니다.

진리의 문을 여는 열쇠요(렘 33:3), 하나님의 권세를 체험하는 길이요, 은총을 입는 방법이기 때문입니다.

예수님은 세 제자(베드로, 요한, 야고보)와 함께 산상기도를 하셨습니다. 예수님이 산상기도 하신 기록은 성경에 많이 있습니다. 세 제자는 예수님을 따라 산상기도 중 신령한 체험을 했습니다.

1. 산상기도 중에 예수님의 신분을 보게 되었습니다(9:29).

예수님의 얼굴이 해같이 빛나고, 그 옷이 세탁하는 사람이 그렇게 희게 할 수 없는 빛난 모습을 보게 되었습니다. 이것은 예수님의 실체의 영광을 보여주신 것입니다.

2. 산상기도 중에 예수님의 사역이 무엇인가를 체험하게 되었습니다(9:31).

구약에 위대한 두 영적 지도자 모세와 엘리야가 나타나 예수님과 대화하고 있었습니다. 모세는 율법의 대표요, 엘리야는 선지자의 대표라고 할 수 있습니다. 율법과 선지서는 오실 예수 그리스도를 드러내는 하나님의 말씀인 것입니다.

예수님과 관련이 없는 율법과 선지서는 아무런 구속사적인 의미가 없는 것입니다.

그러므로 구약은 오실 예수님에 대한 약속이요, 신약은 오신 예수님에 대한 약속인 것입니다. 예수님의 사역은 십자가 구원사역입니다. 그래서 십자가 죽음에 대하여 즉 예수님의 사역의 본질과 완성을 위해 대화하고 있었던 것입니다.

3. 산상기도 중에 예수님의 권능을 보게 되었습니다(9:29).

세 제자들은 예수님의 변형된 모습 앞에 예수님의 영광과 권능을 체험케 된 것입니다. 예수님은 사람의 몸을 입고, 종의 형체로 우리의 수준으로 낮추어 오셨지만, 본래의 영광의 모습은 광채와 권능과 위엄과 황홀한 본질을 가지고 계심을 보여주었던 것입니다.

우리가 세상의 번잡을 피해 주님과 단둘이의 깊은 시간을 가질 때 신령한 체험을 하게 됩니다. 산상기도는 영적 충전을 위해 필요합니다.

건전한 기도원에 가서 깊은 기도에 빠져보는 시간은 너무나 유익한 시간이요, 신앙 충전시간이 됩니다.

제 13 일 (2005. 12. 2 금)

작정기도하면 소원 성취된다

(삼상 1:10-20, 시 55:11, 단 6:10)

인간이 살아가는 과정에 각자의 바라고 원하는 소원이 있습니다.

한나는 엘가나의 아내로서 불임이라는 불가항력적인 고통속에 브닌나의 멸시까지 심해지는 이중고에 시달려야 했습니다. 그러나 한나는 감정적으로 대응하지 않고 그 문제를 가지고 하나님께 나아가 작정기도했습니다.

자신의 문제를 해결하고, 소원을 들어주실 분은 하나님 밖에 없다는 사실을 알고 하나님께 부르짖었습니다.

1. 한나는 그의 소원이 성취될 때까지 작정기도 했습니다(12).

장소는 성전이요, 여호와 앞입니다.

기간은 오래입니다. 응답될 때까지 작정기도 했습니다.

그는 하나님께 기도하면 이루어주실 줄 믿었습니다. 그는 브닌나에게 말할 수 없는 스트레스를 받았지만 감정으로 대응하지 않고, 하나님께 기도하여 응답으로 대응하려고 했던 것입니다.

그의 기도는 간절했습니다. 그의 기도는 목적이 분명했습니다.

그의 기도는 서원의 기도였습니다(1:11). 그의 기도는 믿음의 기도였습니다.

2. 작정기도는 다 응답되었습니다(17).

한나 뿐 아니라 믿음으로 작정하여 드린 기도는 다 응답 받았습니다. 기도의 매력은 응답입니다. 사실 기도의 정의가 "하나님을 향하여 소원한다"는 뜻입니다.

기도는 하나님을 향하여 가지는 소원입니다. 우리가 기도로 하나님을 만나 하나님과 대화하므로 소원을 아뢰고, 그러므로 소원이 성취됨으로 하나님께 영광 돌리는 것입니다.

기도로 얻은 사무엘은 역시 기도의 사람이었습니다.

그래서 사무엘 상하는 기도의 역사서라고 해도 과언이 아닙니다.

 ○ 1장은 한나의 기도

 ○ 2장은 감사 간증의 기도

 ○ 3장은 성소에서의 기도

 ○ 7장은 국가적 위기에서 드리는 기도

 ○ 8장은 왕을 위한 기도

 ○ 12장은 기도 응답 증거가 있는 기도

 ○ 14장은 근심 중에 드리는 왕의 기도, 응답이 없는 기도(사울)(14:35, 37)

 ○ 15장은 괴로운 마음으로 드리는 기도

- 16장은 작고 나지막한 목소리의 기도
- 17장은 용기를 주는 기도(다윗)
- 23장은 질문하는 기도(다윗)
- 28:6 대답이 없는 기도(사울)
- 삼하 2장 소유에 대한 기도(다윗)
- 5장 승리의 표징을 구하는 기도(다윗)
- 7장 축복을 비는 기도(다윗)
- 12장 병든 어린이를 위한 기도(다윗)
- 15장 허영의 기도(압살롬)
- 21장 재난의 곡절을 묻는 기도(다윗)
- 22장 찬미로 드린 기도(다윗)
- 24장 자신의 교만을 회개하는 기도(다윗)

우리는 그 어떤 경우에도 기도합시다.

믿음으로 작정기도하여 소원 성취합시다.

제 14-15 일 (2005. 12. 3-4. 토, 주일)

중보 기도는 성도의 사명이다

(약 5:16, 출 32:32)

중보기도는 나를 위한 기도가 아니라 이웃을 위한 기도, 또는 교회와 국가를 위한 기도입니다. 중보기도는 의인을 위한 기도가 아니라, 죄인을 위한 기도입니다. 하나님은 성도들의 중보기도를 너무나 기뻐하시며 모든 성도들이 이 기도의 사명자들이 되기를 원하십니다. 하나님은 중보기도를 들으시고 반드시 응답하셨습니다.

1. 우리는 모두 중보기도의 사명이 있습니다(롬 3:25).

아브라함(창 18:22, 23), 모세(출 32:32), 예수님(눅 23:24), 바울(롬 9:3) 등은 모두 애타는 중보기도를 드렸습니다.

우리는 이 세상의 죄인들, 연약한 자들, 고난당하는 자들을 위해 중보기도를 드려야 합니다. 모든 죄악을 사해 주시고, 허물을 덮어주실 것과 재난과 고난을 거두어 주실 것을 기도해야 합니다.

2. 중보기도는 진리 안에서의 사랑 실천 행위입니다.

무관심하거나 미워하는 맘에서는 중보기도를 할 수가 없습니다.

우리는 원수들을 위하여(눅 6:28)

우리는 친구들을 위하여(약 5:16)

우리는 가족들을 위하여(삼하 7:16)

우리는 모든 사람들을 위하여(딤전 2:1)

우리는 그리스도의 일군들을 위하여(살후 3:1)

우리는 교회 성도들을 위하여(엡 6:18)

우리는 나라와 민족, 소외 계층을 위하여 그 외에도 세계와 선교사들, 모든 분야에서 중보기도를 올려야 합니다. 특별히 환자들을 위해서는 더 간절하고 뜨거운 중보기도가 필요합니다.

3. 중보기도는 응답됩니다.

야고보서 5장 16절에는 병든 자를 위해 중보기도하면 치료의 역사가 일어날 것을 말씀하셨고, 출애굽기 32장 32절에 모세의 중보기도는 응답이 되었습니다.

중보기도는 적극적이고 희생적인 각오 없이는 중보기도의 사명을 제대로 감당할 수 없습니다. 이웃의 고통이 나의 고통이며, 이웃의 불편이 나의 불편으로 느껴질 때 진정한 중보기도가 가능한 것입니다. 중보기도는 성도의 사명입니다.

제 16 일 (2005. 12. 5 월)

가족기도하면 영육의 복을 받는다

(창 12:7-8, 행 10:2)

성경에는 영의 복만이 아니라 육의 복을 겸하여 받은 경우가 많습니다.

구약시대는 더욱 더 그러했습니다. 아브라함, 이삭, 야곱, 요셉 족장시대는 물론이고 그 외에도 다니엘이나 많은 사람들이 영육의 복을 받았습니다.

누가복음 2장 25절에 시므온과 안나는 성령의 지시를 받으면서 장수의 복을 받았습니다.

미국의 신앙 갑부 록펠러도 장수, 물질의 복과 후손의 복을 받았습니다.

그는 십일조를 철저히 하며 주의 사자를 모범적으로 섬기는 것은 물론이고, 미국 교회에 파이프 올겐을 한평생 6,600대를 기증했습니다.

사도행전 10장에 고넬료의 가정도 마찬가지입니다.

저는 여러분이 영육의 복을 다 받기를 원합니다.

이 영육의 복은 가족 기도로 이루어집니다.

가족들이 믿음의 기도를 하면 성공합니다.

가족들이 믿음의 기도를 하면 그 교회가 부흥됩니다.

가족들이 믿음의 기도를 하면 축복을 받습니다.

가족들이 믿음의 기도를 하면 치유의 역사가 일어납니다.

특히 가족 합심기도하면 가족 모두 성령 충만 받습니다.

○ 초대교회는 합심기도 할 때 성령 충만을 받았고, 합심기도 할 때 옥문이 열렸습니다. 뿐만 아니라 핍박과 죽음의 공포 속에도 합심기도 함으로 담대하게 말씀을 전하게 되는 놀라운 사건이 발생했습니다(행 4:33).

그들은 뜻을 모아 합심기도 하는데 힘썼습니다(행 4:24, 32).

"저희가 일심으로 소리 높여 하나님께 가로되 … 그들은 한 마음과 한 뜻이 되었다"

합심기도하는 가운데 무리가 큰 은혜를 받게 되었습니다. 그리고 5장 12절에서 16절을 보면 놀라운 치유의 역사가 일어났습니다(5:15). 그런데 성경에 보면 집에 가서도 그것이 그대로 연결되었습니다(행 2:4).

1. 육이 치유되는 기적은 전도를 위한 영적 권위를 위한 역사입니다.

기적이 목적은 아니지만 기적은 모든 복음전도자들에게 복음전파에 크게 공헌할 수가 있는 것입니다. 오늘날도 복음 전파를 위해 기적이 필요하며 특별히 치유의 기적이 필요합니다. 가정에 육신 치유의 기적이 일어날 때 육의 세계는 보이는 세계이기에 보이는 세계밖에 모르는 이방인들에게 담대히 복음을 증거 할 수 있습니다.

2. 육이 치유되는 기적은 교회의 권위와 순결 유지를 위해 필요합니다.

아나니아와 삽비라 사망의 기적은 교회의 순결과 권위를 위한 것입니다. 위선과 거짓, 그리고 거짓 공모가 자리 잡지 못하게 하기 위한 것이고 성령을 탐욕 때문에 겁 없이 속인 죄 때문이었습니다.

오늘날도 발람의 교훈을 따르는 자는 여호와의 진노의 기적과 표적이 나타나고 있습니다(민 25:31). 만일 이적과 기사가 없으면 영적 무지자와 불의와 거짓이 교회를 좌우하게 되므로 기적은 꼭 필요한 것입니다.

가족기도 하므로 기도의 효력을 본 자녀들이 역시 기도의 자녀가 되게 됩니다.

3. 육이 치유되는 기적은 주님의 은총의 일부이며 필요한 것입니다.

신유는 하나님의 보호로 육신이 건강하고 병든 자가 하나님께 기도하므로 병고침 받는 경험을 의미합니다. 이것은 하나님이 원하시는 일입니다(마 8:2-3).

이것은 하나님의 약속입니다(출 15:26, 신 7:15, 약 5:15).

이것은 하나님의 능력의 역사입니다(시 103:3).

예수님께서 채찍에 맞으심으로 모든 사람의 질병을 짊어지셨습니다(사 53:4-5).

그러므로 믿음으로 하나님의 뜻을 깨닫고 합심하여 기도하면 수많은 치유의 기적이 일어날 줄 믿으시기 바랍니다.

 가정 가정마다 가족 합심 기도하므로 영육이 복을 받기를 주님의 이름으로 축원합니다.

평신도가 쓴 주제별 대표 기도

새벽기도학교가 응답의 씨를 뿌리고, 응답의 풍년을 맞이하는 기도회가 되게 하소서.

김정희 권사

하나님 아버지 감사합니다.

오늘부터 제23차 총동원 새벽기도학교를 시작하게 하시며, 「삶의 질을 결정하는 믿음의 기도」라는 주제를 가지고 기도하게 하시니 감사합니다.

제23차 총동원 새벽기도학교는 응답의 씨를 뿌리고 응답의 풍년을 맞이하는 기도회가 되기를 원합니다.

우리의 기도를 들으시며 우리에게 응답하시기를 기뻐하시는 아버지 하나님.

새벽기도학교 동안 드려지는 모든 기도자들을 붙들어 주셔서 믿음으로 기도드리게 하시며, 저희가 드린 모든 기도가 응답 받을 줄로 믿는 믿음도 주옵소서.

이 기도회를 통하여 하나님과 교제하며 주님을 만나는 놀라운 일들이 있게 하시고, 우리의 삶이 영적으로 육적으로 성숙하게 변화되며 성장하는 기간이 되게 하여 주옵소서.

감사드리며 예수님의 이름으로 기도드립니다.

아멘.

담임목사님의 목회계획을
하나님이 기쁘게 받으시고 복을 내려 주옵소서.

김병조 집사

사랑의 하나님 아버지 은혜를 감사드립니다.

담임목사님께서 세우시는 목회계획을 붙들어 주시고, 그 계획들 위에 복을 더하여 주사 날마다 지경을 넓혀가는 계획들로 채워주소서!

또한 그 계획들을 실천해 나갈 때 성령님께서 함께 하여 주시사, 계획한 대로 진행되어 지도록 인도하옵소서.

온 교회 성도들이 목사님의 목회 계획을 위해 기도하며, 함께 계획을 이루어 나갈 수 있도록 인도하옵소서.

그리고 하나님의 뜻대로 진행되게 하시고, 담임 목사님의 목회 계획을 통하여 우리 교회가 더욱 부흥되게 하소서.

늘 강건함으로 도와주시옵소서.

예수님 이름으로 기도합니다.

아멘.

장위제일교회가 기도와 말씀의 센터가 되게 하옵소서.

박연숙 집사

하나님 감사합니다.

말씀의 본질과 기독교의 본질을 바르게 인식시키고자 늘 준비하시고, 말씀의 뿌리가 내려지도록 교육하시며 기도하시는 목사님을 비롯하여 우리 장위제일교회를 기도와 말씀의 센터로 굳건히 세워주심을 감사드립니다.

문서로, 방송으로 퍼져나가는 복음의 빛이 이 지역과 전국 및 전 세계로 빛을 발하는 진리의 등대가 되어 세상 모든 사람들이 회개하며 깨닫고 주님 품으로 돌아오는 복된 일들이 날마다 있게 하여 주시기를 원합니다.

그리하여 우리 장위제일교회가 기도와 말씀의 센터로서 굳건히 세워지게 하시고, 목사님의 가르침에 순종하여 영육의 풍성한 복을 누리게 하옵소서.

이 모든 것을 허락하신 하나님께 감사드리며 예수님 이름으로 기도합니다.

아멘.

장로님들 가정에 복을
내려 주옵소서(건강, 평강, 물질, 자녀)

조수희 집사

사랑과 은혜가 풍성하신 하나님 아버지 감사합니다.

이 시간 장로님들의 가정을 위하여 기도합니다.

장로님들의 가정에 복을 내려 주옵소서.

건강의 복을 주셔서 주님의 일에 충성하는 일꾼이 되게 하시고, 가정의 평강을 허락하여 주셔서 날마다 행복이 넘치는 가정되게 하소서.

또한 물질의 복을 허락하시사 물질로도 주님의 교회를 섬기는데 모델이 되게 하시고, 자녀들에게는 형통함과 하나님의 은혜의 복이 풍성히 내려지게 하여 주옵소서.

이 모든 복을 허락하시사 하나님의 일을 감당하기에 부족함이 없게 하옵소서.

예수님의 이름으로 기도드립니다.

아멘.

담임목사님의 문서선교에
하나님이 함께 하옵소서.

민동숙 집사

하나님 아버지 감사합니다.

이 시간 담임목사님의 문서 선교를 위해 기도합니다.

사랑의 하나님!

담임목사님의 문서를 통하여 믿지 않는 사람들이 주님이 행하신 구원의 역사를 알게 하시고, 주님의 사랑을 깨닫게 하여 주시옵소서.

또한 믿는 자들에게는 회개하는 마음을 주시고, 믿음이 성장되게 하여 많은 열매를 맺게 하여 주시옵소서.

그리하여 책을 읽는 많은 사람들이 성령 충만함으로 주님을 증거하게 하여 주시옵소서.

이 문서 선교를 통하여 온 세계만방에 하나님의 말씀이 전파되게 하여 주시옵소서.

재정적으로도 어려움 당하지 않게 큰 은혜 내려 주시옵소서.

예수님의 이름으로 기도합니다.

아멘.

담임목사님의 군 선교와 집회에
성령이 함께 하여 주옵소서.

임정희 집사

사랑이 많으신 하나님 아버지 은혜를 감사드립니다.

하나님 아버지,

이 시간 특별히 기도하옵기는 하나님께서 기름 부어 세우신 목사님께서 군 선교를 위하여 많은 기도와 비전을 갖고 있사오니 아버지께서 세우시는 모든 집회마다 성령님의 큰 능력으로 인도하여 주옵소서.

그리하여 목사님을 통하여 증거 되는 모든 말씀 말씀에 강하게 역사하시며 듣는 이로 하여금 진리이신 예수님을 발견하는 은혜와 변화의 역사가 일어나게 하옵소서.

또한 군 선교를 위한 재정과 필요한 모든 것도 채워주시고 군 선교에 함께 할 신실한 믿음의 동역자들을 만나게 하여 주시사 군 선교에 많은 열매를 맺게 하여 주옵소서.

더하여 주실 줄 믿고 예수님의 이름으로 기도합니다.

아멘.

부교역자들 성령 충만, 사명 충만 주옵소서.

유천환 집사

사랑의 하나님 감사합니다.

태초 전에 우리 교회의 일꾼으로 세우신 부교역자들을 위해 기도합니다.

담임목사님과 같은 비전을 가지고 담임 목사님을 잘 보좌하며, 또한 양 무리를 말씀으로 양육하는데 부족함이 없도록 지혜를 주옵소서.

영과 육을 늘 강건하게 하시고, 날마다 새 힘을 주시고 하나님께 크게 쓰임 받는 주님의 종이 되게 하옵소서.

말씀과 성령이 늘 충만하도록 역사하여 주옵소서. 사명을 온전히 감당할 수 있도록 충만케 하옵소서.

또한 공부하는 교역자들에게는 지혜를 더하여 주셔서 목회를 잘 배워 장차 크게 쓰임 받는 교역자가 되게 하시고, 모든 가정마다 물질의 복을 내려주셔서 오직 목회에만 전념하는 교역자들이 될 수 있도록 역사하옵소서.

예수님의 이름으로 기도 드립니다.

아멘.

당회에 복을 주셔서
임마누엘 당회가 되게 하옵소서.

김건영 집사

사랑과 은혜가 풍성하신 하나님 감사합니다.

이 시간 주어진 기도 제목 '당회에 복을 주셔서 임마누엘 당회가 되게 하옵소서'라고 기도하게 하여 주심을 감사합니다.

정말로 장위제일교회 당회가 하나님이 함께 하시는 당회가 되게 하여 주시옵소서.

생각도, 말도, 행동도, 진실로 하나님이 함께 하시는 당회가 되게 하여 주시옵소서.

예배를 수종드는 모든 주의 종들에게 하나님의 은혜가 충만하게 하옵소서.

예수님의 이름으로 기도합니다.

아멘.

각자의 기도 제목이
하나님께 상달되게 하옵소서.

김용우 집사

우리의 기도를 들으시는 하나님, 은혜를 감사드립니다.

우리에게 인생을 허락하시고, 각자의 삶을 통해 영광 받으시기를 원하시는 주님!

우리의 삶이 연약하여 곤고할 때가 많습니다.

삶의 목적이 불분명하며, 육신의 질병으로 인해, 자식문제로 인해, 기타 여러 가지 기도의 제목을 가지고 성전에 나왔습니다.

때로는 넘어지고 다쳐서 힘들 때에도 하나님은 우리에게 기도할 수 있는 은혜를 주셔서 그 안에서 위로 받고 해결 받으며 주님이 주시는 능력으로 이 모든 어려움의 현실과 타협하지 않도록 주님의 말씀을 믿는 믿음과 담대함을 허락하여 주옵소서.

믿음으로 간구하는 모든 기도에 응답해 주셔서 하나님을 체험하는 우리 모두가 되게 하옵소서.

그리하여 늘 기도로 사는 온 성도들이 되도록 인도하옵소서.

나를 인도하실 주님을 사모하며 예수 그리스도의 이름으로 기도 드리옵나이다.

아멘.

담임목사님 가정에 복을 주셔서
사역의 동반자들이 다 되게 하소서

한혜숙 집사

하나님 아버지 감사합니다.

사도바울은 이방인을 위하여 택한 나의 큰 그릇이라 하신 주님께서 저희 담임목사님을 사도바울과 같이 복음을 전하는 이 시대의 큰 그릇으로 쓰임 받게 하시니 감사합니다.

이 시간 특별히 기도드리는 것은 담임목사님의 가정에 복을 주셔서 사역의 동반자들이 다 되게 하여 주시옵소서.

하나님 아버지!

지금까지 담임목사님 가정에 함께 하셔서 복을 주신 하나님 아버지께서 앞으로도 목사님 가정에 복에 복을 더하사 주의 은혜가 늘 넘치는 행복한 가정이 되게 하여 주시옵소서.

그리하여 담임목사님께서 하나님이 기뻐하시는 사역에 정진할 수 있도록 가족구성원 모두가 목사님의 손을 들어드리고 힘이 되어 드리는 든든한 후원자이며 목회의 동반자들이 되게 하옵소서.

언제나 우리와 함께하시는 예수님의 이름으로 기도합니다.

아멘.

안수집사님들, 권사님들에게
건강과 믿음을 주옵소서.

박선숙 집사

참 좋으시고 사랑이 많으신 하나님 아버지 감사합니다.

하나님께서 세우신 안수집사님들과 권사님들을 위해 기도합니다.

하나님의 일꾼들에게 건강과 믿음을 더하여 주옵소서.

특별히 주의 일꾼들로 세상에 취하지 않게 하시고, 더러움에 속하지 않게 하옵소서.

또한 깨끗한 양심에 믿음의 비밀을 가진 자가 되게 하옵소서.

또 권사님들에게도 새 힘과 능력을 더하여 주시사 날마다 주의 전에서 엎드려 나라와 민족과 교회와 성도를 위해 기도하는 기도의 종들이 되게 하옵소서.

그리하여 교회가 주의 종을 통하여 날마다 승리하게 하옵소서.

주 예수님 이름으로 기도합니다.

아멘.

제직들과 제직회가 하나님의 뜻을 이행하는
기관과 회원들이 되게 하옵소서.

강미영 집사

세상을 다스리시는 하나님 아버지 감사합니다.

저희 교회 제직회원들을 붙들어 주시사, 맡겨진 일에 충성하며, 헌신하는 일꾼들이 되게 하옵소서.

주님의 일에 게으르지 않고 솔선수범하는 믿음을 주옵소서.

항상 하나님의 뜻에 순종하는 일꾼들이 되어서 하나님께 영광 돌리는 제직들이 되게 하옵소서.

또한 제직회가 온전히 진행되어짐으로 교회가 하나님의 뜻을 이행하는데 부족함이 없게 하옵소서.

늘 하나님의 뜻에 따라 사는 제직들과 제직회가 되게 하옵소서.

예수님 이름으로 기도하옵니다.

아멘.

새벽기도 단골 배가, 심야기도 단골 배가, 기도의 동역자가 배가되는 복을 주옵소서.

손국화 집사

하나님 아버지 감사합니다.

'새벽기도 단골 배가, 심야기도 단골배가, 기도의 동역자가 배가되는 복을 주옵소서'라는 제목으로 기도합니다.

점점 믿음의 사람들의 영성이 줄어들고 세상에 취해가는 이 때에 이번 새벽기도학교를 통하여 기도의 불이 일어나게 하여 주옵소서.

그리하여 새벽기도에 동참하는 기도의 동역자들이 불어나게 하시고, 심야기도에 부르짖는 기도 부대가 주의 성전을 가득 메우게 하여 주옵소서.

기도만이 능력이며, 기도만이 기적을 낳는다는 사실을 기억하면서, 온 성도가 한마음으로 기도하는 일에 열심을 다하게 해 주옵소서.

새벽부터 밤중까지 기도의 불씨가 꺼지지 않는 교회가 되게 해 주시고, 이 일을 위하여 기도의 동역자들이 배가 되는 복을 내려 주옵소서.

기도를 쉬는 죄를 범치 않는 우리 장위제일교회 성도들이 되기를 간절히 바라오며 예수님의 이름으로 기도 드립니다.

아멘.

담임목사님의 목사 4형제와 아들 목사의 사역에 복을 주옵소서.

곽판술 권사

하나님 아버지!

우리 목사님 오늘까지 목회를 잘 하시도록 능력과 힘을 주심을 감사드립니다.

앞으로 더욱 훌륭한 목회를 잘 하실 수 있도록 인도하옵시고, 선교사업위에 축복하시고, 많은 결실이 있게 하옵소서.

지금까지 건강을 주셔서 여러 가지 국내외 선교사역을 잘 감당하게 하시니 더욱 감사드립니다.

세계를 향하여 비전을 가지고 훌륭한 목회를 하실 수 있도록 영력, 지력, 체력을 더하여 주시옵소서.

또한 목사님 형제들이 함께 복음사역을 하게 하시니 감사드립니다.

4형제분 목사님들에게도 능력으로 인도하셔서 목회를 잘 감당하게 하옵소서.

또한 목회를 돕는 동역자도 주셔서, 주님의 위로와 평강 가운데 말씀 전하는 일과 전도하는 일에 전무하실 수 있도록 도와주옵소서.

세계를 복음화 시키며, 마지막 시대적 소명을 잘 감당하며, 주님의 뜻을 이루며, 부르심에 합당한 영광을 돌리는 목사님들이 되게 하옵소서.

 교계에서도 여러 가지 능력 있는 사역을 감당하며 더 많은 목회자가 배출되는 가문이 되게 하옵소서.

 또 미국 스탁빌에서 목회하시는 김재성 목사님 위에도 늘 하나님이 함께 하시고, 학업중이오니 지혜를 주셔서 차세대 목회자로 부족함이 없게 하옵소서.

 타국에서 목회하시는데 어려움 없게 하시고 마지막시대에 하나님 앞에 크게 인정받는 훌륭한 목사님으로 세워 주시옵소서.

 예수님 이름으로 기도드립니다.

 아멘.

교구장, 구역장들에게 주님의 인도와 동행의 복을 주옵소서.

손영자 집사

하나님 아버지 감사합니다.

교구장 구역장을 위하여 기도드립니다.

저들을 사랑하여 주셔서 평신도 사역자로 세워 주셨으니 교구와 구역을 인도하여 나갈 때에 지혜와 믿음을 주시옵소서.

작은 교회의 목자로서 온전히 사명을 감당할 수 있도록 성령 충만한 은혜를 주시옵소서.

각 구역마다 하나님 복음 사역을 위하여 열심을 다하고 충성할 수 있도록 주님이 친히 인도하여 주시고, 동행해 주시는 복을 내려 주옵소서.

한 생명을 천하보다 귀하다 하신 주님의 말씀 따라 주님 세우신 일꾼들을 통하여 우리들의 구역에서 영혼구원의 역사가 일어나기를 간절히 원하옵나이다.

하나님 아버지, 원하옵기는 침체된 구역이 하나도 없게 하셔서 각 가정마다 평강이 있게 하시고 구역을 위하여 헌신하는 하나님 가정들 되게 하옵소서.

예수님 이름으로 간절히 기도하옵나이다. 아멘.

남전도회가 건강한 사역의 실천으로 열매 맺게 하옵소서.

조종현 집사

사랑의 하나님 저희 장위제일교회의 많은 부서 중 특히 제 1~6 남전도회를 두게 하시고 교회의 부흥과 발전을 위해 일할 수 있도록 인도하시니 감사드립니다.

우선 직분을 맡은 임역원들과 함께하시어 남전도회의 사업을 추진하는데 있어 주님 뜻 안에서 잘 계획할 수 있도록 지혜를 주시고 실천할 수 있도록 열심을 주셔서 추진하고자 하는 사업들이 모두 큰 응답으로 결실을 맺을 수 있도록 은혜를 베풀어 주옵소서.

특별히 온 남전도회 회원들이 하나 되어 주님의 사역을 감당하는 일에 열심을 주시고 사랑으로 대하고 화합하여서 남전도회가 모두 한 가족이 되게 하옵시며 우리 교회를 통하여 건강한 사역을 실천할 수 있도록 큰 은혜를 베풀어 주옵소서.

남전도회가 사역을 실천 할 때에 주님께서 함께 하셔서 지혜주시고 능력 주셔서 잘 감당할 수 있도록 인도해 주시고 교회가 발전해 가는 모습을 통해 하나님께 영광 돌리는 저희들이 되고 각 처소에서 좋은 열매를 많이 맺을 수 있도록 축복하여 주옵소서.

이 모든 말씀 우리 주 예수 그리스도의 이름으로 기도합니다.

아멘.

365일 금식기도 담당자들에게 영력 충만을 체험케 하옵소서.

김영란 집사

은혜가 풍성하신 하나님 아버지 새 힘과 소망으로 하루를 맞이하게 하시니 감사합니다.

금식하며 기도하는 성도들에게 성령의 날개 아래서 즐거이 찬양하며 기도로서 승리하게 하옵소서.

주님이 겟세마네 동산에서 피와 땀을 흘리며 기도하셨던 것처럼 기도의 불길이 꺼지지 않게 하시며 주님의 능력 안에서 날마다 새 힘을 얻어 이 기도가 하나님께 열납 되게 하옵소서.

입술을 주장하시사 영적인 대화에 게으르지 않게 하시며 주님의 뜻을 확실히 깨달아 영적 충만함을 체험케 하시사 하늘의 축복과 영광을 맛보게 하옵소서.

감사드리며 예수님 이름으로 기도합니다.

아멘.

담임목사님 말씀 선포와 설교 준비에
성령의 지혜와 감동이 계속되게 하옵소서.

안태영 집사

전능하신 하나님 감사합니다.

담임 목사님께서 말씀을 준비하실 때에 솔로몬의 지혜를 허락하사 하늘의 놀라운 비밀을 늘 깨닫게 하시며, 영력을 더하여 주시고, 육신의 건강 또한 지켜 주시옵소서.

말씀을 선포하실 때에도 성령의 지혜와 감동이 늘 충만케 하사 거룩한 언변과 능력을 주시어서 우리 성도들에게 위로의 말씀, 승리의 말씀이 전파되게 하옵소서.

무엇보다도 이 세상에서 가장 뛰어난 설교가로 삼아 주시사, 목사님을 통하여 증거 되는 말씀으로 놀라운 구원의 역사가 일어나게 하옵소서.

그리고 말씀을 듣는 모든 사람들을 변화시키는 성령님의 위로와 말씀을 통한 위로와 평강이 늘 넘치는 복된 말씀이 증거 되게 하옵소서.

예수님의 이름으로 기도드립니다.

아멘.

정치복음화, 경제복음화, 교육복음화, 문화예술복음화, 사회복음화를 허락하여 주옵소서.

신영자 집사

사랑과 은혜가 많으신 하나님 아버지 감사를 드립니다.

이 시간은 정치, 경제, 교육, 문화예술, 사회복음화를 위하여서 기도합니다.

나라의 위정자들에게 지혜를 주시어서 정직하고 바르게 일하게 하시며, 하나님의 뜻을 알고 행하게 하시며, 하나님의 믿게 하여 주시옵소서.

어려운 경제도 하나님께서 경영자들을 통해 회복되게 하시고, 경제인들에게 하나님과 하나님의 말씀을 알게 하시어서 먼저 그 나라와 그 의를 구하는 자들이 되게 하여 주옵소서.

또한 교육이 나라를 바로 이끌어가는 교육이 되게 하시고 교육자들이 사리사욕에 사로잡히지 않고, 오직 나라의 일꾼을 키우는 일에 전념하게 하여 주옵소서.

그리고 이 세상이 퇴폐문화와 사탄문화에 물들지 않게 하시고, 오직 문화예술 부문에도 하나님이 함께 하시어서 건전하고 복음적인 문화가 되게 하옵소서.

또한 우리의 전통을 잘 이어가게 하시고 문화예술 분야에 앞장선 분들이 하나님 나라를 전파하게 하여 주시옵소서.

우리의 사회가 안정되게 하시고 모든 사람들이 하나님을 섬김으로 복되고 아름다운 나라가 되게 하시옵소서.

하나님 정치 경제 교육 문화예술 등 사회 복음화를 허락하여 주옵소서.

예수 그리스도 이름으로 간절히 기도드립니다.

아멘.

여전도회와 임원들에게
전도특공대가 되는 은혜를 주옵소서.

박귀남 집사

살아계신 여호와 하나님 아버지 은혜와 사랑을 진심으로 감사합니다.

하나님 아버지 여러 기관을 세워주시되 특별히 여전도회를 세워주셔서 감사합니다.

하나님 아버지!

1여전도회로부터 8여전도회를 축복하셔서 주님 기뻐하시는 많은 일들을 잘 감당하여 하나님 앞에 인정받는 모든 회원들과 임원들이 다 될 수 있도록 은혜 내려 주옵소서.

특별히 세상 끝 날까지 주님의 증인이 되라고 하신 말씀을 기억하면서 이 땅에 복음을 듣지 못한 자들에게 복음을 증거 하는 전도 특공대가 되게 하여 주옵소서.

이를 위하여 늘 세상에서 빛과 소금이 되게 하시고, 말로만 전도하는 자들이 아니라 행실로서 전도할 수 있는 거룩한 전도자들이 되게 하여 주옵소서.

그리하여 여전도회와 임원들의 발이 복음을 전하는데 앞장서는 아름다운 발이 되게 하옵소서.

예수님 이름으로 기도드리옵니다. 아멘.

한국교회와 선교기관에 복을 주옵소서.

천현수 성도

이 땅에 복음을 심어주신 하나님 감사합니다.

어두웠던 이 땅에 복음을 전해 주시사 죽어가던 이 나라, 이 민족을 살려 주심을 감사드립니다.

한국교회 위에 임재 하여 주시사 하나님의 말씀대로 행하는 이 나라, 이 민족이 되게 하여 주시기를 바랍니다.

무엇보다도 십자가의 진리를 세상에 전하는 나라가 되게 하시고, 세상에서 빛과 소금의 역할을 감당하는 교회로서 세상을 이끌어가는 교회로 인도해 주시기를 원합니다.

특별히 악이 들끓는 세상에서 순결함을 잃지 않게 해 주시고, 한국교회를 통하여 세상이 변화되는 놀라운 역사를 허락해 주옵소서.

또한 복음을 위해 헌신하는 선교기관에 복을 내려 주옵소서.

그리하여 땅 끝까지 주님의 복음을 들고 달려가게 하시고, 이 땅에 하나님의 나라가 세워지게 하소서.

우리 한국교회와 선교기관을 세계 선교의 중심이 되게 하옵소서.

예수님의 이름으로 기도드립니다.

아멘.

성도들의 사업의 창대와 번영을 위해

이영수 집사

하나님 아버지 감사합니다.

하나님께서 허락하신 사업을 위하여 기도합니다.

성도들의 사업에 하나님의 은혜와 능력을 허락하여 주시사 성도들의 사업이 늘 창대하게 하시고, 번영케 인도하여 주옵소서.

특별히 주님이 맡기신 사업으로 인해 가정의 평안이 깨지지 않도록 가정마다 참된 평안을 내려 주옵소서.

사랑의 하나님!

성도들 사업장에 함께 하시고 복에 복을 더하사 지경을 넓히시고, 성도들의 사업이 날마다 창대케 되어 하나님의 나라 확장을 위한 선교사역에 많은 동역자들이 되도록 큰 복을 내려 주옵소서.

또한 성도의 사업을 방해하는 무리가 없게 하시고, 하는 일마다 형통케 되는 은혜를 허락해 주옵소서.

그러나 물질이 하나님을 앞서지 않도록 오직 믿음과 신앙 안에서 사업하도록 인도해 주옵소서.

감사하며 예수님 이름으로 기도합니다.

아멘.

교단 총회와 GMS, 교육위원회, 은급부, 신문사를 하나님이 주관해 주옵소서.

유영숙 집사

하나님 아버지 감사합니다.

교단 총회와 GMS, 교육위원회, 은급부, 신문사를 하나님이 주관해 주옵소서.

총회 지도자들에게 성령 충만, 지혜 충만 주셔서 하나님의 일을 잘 감당할 수 있는 능력을 주시옵소서.

GMS가 세계적 선교 단체가 되도록 인도하셔서 세상 끝까지 복음을 전하는 일에 앞장서는 선교회가 되게 하여 주옵소서.

하나님 아버지!

총회 교육위원회를 맡은 주의 종들에게 은혜와 지혜 주셔서 주일학교 교육에 새로운 패러다임을 가지고 인재를 키우는 교육을 할 수 있게 도와 주시옵소서.

신문사를 통하여서는 하나님의 진리와 정의가 증거 되게 하옵소서.

하나님 아버지, 은급부를 통하여 평생을 복음사역에 헌신하신 분들이 주님 안에서 평안을 누릴 수 있도록 그 가정을 축복해 주시옵고, 건강을 지켜 주시옵소서.

예수님의 이름으로 기도드립니다. 아멘.

찬양대(할렐루야, 가브리엘, 카리스, 기쁜소리, 워쉽 찬양단)에게 복을 주시옵소서.

정규순 집사

하나님 아버지 감사합니다.

이 시간 우리교회 찬양대를 위해서 기도합니다.

할렐루야 찬양대를 비롯해 가브리엘 찬양대, 카리스 찬양단, 기쁜 소리 또 초등부 워쉽과 호산나 찬양대 또 유년부 다드림 찬양대가 있습니다.

항상 좋은 목소리로 하나님을 예배할 수 있도록 하나님의 크신 은혜와 축복을 내려 주옵소서.

찬양대를 위해서 헌신하시는 지휘자님 또 성가대장님, 반주자님들과 함께하셔서 저들에게 더 큰 달란트와 크신 사랑으로 축복하여 주옵소서.

저희 찬양대의 찬양으로 저희의 예배가 더욱 신령과 진정으로 드려지는 예배가 되게 하시고, 늘 영으로 드려지는 찬양이 되도록 찬양대원들에게 성령 충만을 내려 주옵소서.

힘들고 피곤할 때 하나님 붙들어 주시고 천국의 소망을 보고 나아갈 수 있게 하옵소서.

예수님의 이름으로 기도합니다. 아멘.

한국교회 지도자들에게
성령 충만, 말씀 충만 주옵소서.

이순옥 권사

하나님 아버지 감사합니다.

한국교회 지도자들의 성령 충만, 말씀 충만을 위해 기도합니다.

이 땅의 주님의 몸된 교회를 위해 세우신 지도자들에게 한없는 은혜를 베풀어 주시사 오직 하나님의 나라와 주님만을 위해 헌신하며 충성하는 일꾼들이 되게 하옵소서.

세상에 물들지 않도록 그 영혼을 지켜주시고, 날마다 뜨거운 열정으로 맡겨진 사명을 감당하는 한국교회 지도자들이 되도록 인도하옵소서.

한국교회 지도자들이 날마다 성령 충만, 말씀 충만한 삶을 위해 늘 기도하며, 훈련하며, 자신을 쳐서 복종시킬 수 있는 겸손한 종이 되게 하옵소서.

무엇보다 영적으로 늘 깨어있는 영성이 충만한 한국교회 지도자들로 인도하옵소서.

예수님의 이름으로 기도합니다.

아멘.

제2차 777명 전도 목표 달성을 위해

이필순 권사

하나님 아버지 날마다 은혜 가운데 함께 하심을 감사합니다.

우리가 전도의 체질로 바꿔 몸과 마음과 생각이 전도에 힘쓰는 자가 되기를 원합니다.

만나는 자마다 복음을 전하며 전도하며 구원받아 하나님의 교회에 777명을 등록시켜 우리 교회 예배당을 차고도 넘쳐나는 교회가 되도록 인도하옵소서.

한 생명이 천하보다 귀하다는 하나님의 말씀을 기억하면서 우리도 한 생명을 천하보다 귀하게 여기는 목표를 세우고 이 목표를 위해 기도하며 실천하는 성도들 되게 하옵소서.

우리의 체질이 오직 전도에 힘쓰는 주님의 증인된 삶을 살도록 역사하옵소서.

모이면 기도하고, 흩어지면 전도하는 복음의 산 증인으로 살도록 우리에게 사명과 충성을 덧입혀 주옵소서.

하나님 아버지 응답해 주실 줄 믿고 예수님 이름으로 기도드립니다.

아멘.

한국 신학교와 교단신학교가
하나님의 일꾼 양성소가 되게 하옵소서.

허미연 집사

모든 지도자들을 세우시는 하나님! 은혜를 감사드립니다.

한국 신학교와 교단 신학교가 하나님의 일꾼 양성소가 되게 하옵소서.

한국 신학교와 교단 신학교가 사람을 창조하신 하나님의 섭리를 알고 세계를 품고 기도하게 하옵소서.

그래서 큰 믿음을 소유하고 세계 선교에 동참하며 한 생명, 한 생명 귀한 영혼을 위하여 기도하는 지도자들을 많이 배출할 수 있도록 하옵소서.

또한 한국 신학교와 교단 신학교가 하나님의 뜻 가운데 비전을 세워가게 하옵소서.

믿음으로 비전을 성취하게 하시고 하나님의 영광을 나타낼 수 있도록 하옵소서.

꿈과 비전을 이루어 가기 위해 하나님의 인도하심을 받게 하시고 많은 기도를 먼저 드리게 하옵소서.

예수님의 이름으로 기도드리옵나이다.

아멘.

주일학교에 복을 주셔서
신앙인재 양성소가 되게 하옵소서

윤길자 집사

사랑과 은혜가 풍성하신 하나님 아버지 감사합니다.

특별히 구하는 것은 우리교회 주일학교에 큰 복을 주셔서 주일학교 학생들이 복음에 무릎 꿇게 하시고, 구원의 확신 가운데 오직 주님만을 바라보는 믿음의 자녀들이 되게 하옵소서.

또한 우리 교회 주일학교를 통하여 티 없이 순결한 마음을 갖게 하시고, 주님의 품안에서 지혜롭고 명철한 자녀로 자라게 하여 주옵소서.

그리고 우리 주일학교가 교회와 우리나라, 그리고 교계에 큰 일을 감당하는 인재를 많이 길러내는 신앙 인재 양성소가 되게 하옵소서.

예수님의 이름으로 기도드립니다.

아멘.

세계 선교사들과 한국선교사들에게
하나님이 함께 하여 주옵소서.

김주현 집사

하나님 각 지역에서 하나님의 복음을 전하는 선교사들을 위해 기도합니다.

생활환경과 언어가 잘 통하지 않은 곳에서 애쓰며 힘쓰며 복음을 전하는 선교사님들에게 영육 간에 강건하게 하셔서 복음 전하는데 어려움이 되지 않게 하시고 그 복음을 듣는 이들의 마음 문을 열어주셔서 주님을 영접할 수 있도록 도와주시길 원합니다.

또한 생활환경과 언어가 다른 것도 잘 극복할 수 있도록 주님이 도와주시고 물질적으로도 부족하지 않게 채워주시길 원하며 선교사님들의 가족도 돌보아 주시며 그 자녀들의 교육여건과 환경도 돌보아 주시길 원합니다.

무엇보다 현지의 선교사들을 위해 중보 기도하는 선교사들이 늘어나서 현지 선교사들의 수고가 헛되지 않고 복음의 열매가 많이 맺어질 수 있기를 간절히 원합니다.

예수님 이름으로 기도합니다.

아멘.

담임목사님께서 기도하는 기도제목들을
모두 응답하여 주옵소서.

이현주 집사

천지 만물을 창조하시고 오늘도 역사하시는 하나님 아버지 감사합니다.

영광의 하나님, 저희 교회에 세우신 담임 목사님을 위해 기도합니다.

날마다 영육이 더욱 강건하게 하시며 큰 은총 주시고, 교회를 위하여 성도들을 위하여 기도하는 모든 것들이 응답되게 하옵소서.

하나님께서 함께 하셔서 사무엘의 말이 하나도 땅에 떨어지지 않도록 응답하신 것처럼, 우리 담임목사님께서 자신을 위하여, 성도들을 위하여, 나라와 민족을 위하여 기도하실 때마다 그 모든 기도에 응답해 주셔서 기도 응답의 모델로 세워 주시옵소서.

그리하여 교회가 기도의 부흥이 일어나게 하시고, 기도 응답의 역사가 매순간순간 이루어지게 하옵소서.

우리의 기도를 들으시는 예수 그리스도의 이름으로 기도 드리옵나이다.

아멘.

교포교회와 사역자들에게 성령 충만 주옵소서.

이연희 집사

사랑이 많으신 하나님 아버지 은혜를 감사합니다.

먼저 교포교회를 위해서 기도하게 하시니 감사합니다.

교포 교회 목사님을 위해서 기도합니다.

능력 주셔서 하시는 사역에 두 손 들어 축복하여 주시옵소서.

교포 교회를 섬기시는 목사님 이하 성도님 모두 어려운 일이 있어도 주님만 믿고 기도하며 헤쳐 나갈 수 있는 용기를 주시옵소서.

교포 교회를 지켜주시고 부흥 발전할 수 있도록 성령 충만 주시옵소서.

성도들 간에 서로 의지하고 협력하며 그리스도인이라는 자부심을 가지고 살아가게 하시고 성도로서 교회를 사랑하고 부흥에 힘쓰는 믿음과 은혜를 내려 주시옵소서.

주님께서 교포 교회 가운데 함께 계셔서 지혜 주시고 건강도 돌보아 주시옵소서.

예수님의 이름으로 기도드립니다.

아멘.

주일학교 교사들에게
성령과 지혜 사명을 주옵소서

김연태 집사

하나님 감사합니다.

우리 교회에 교육기관을 주셔서 감사합니다.

영아부로부터 청년부까지 주님이 함께 하시는 주일학교가 되게 하시옵소서.

특별히 주일학교 교사들로 하여금 주일학교 학생들이 주 안에서 잘 자라서 전 세계와 이 나라에 쓰임 받는 기둥들로 세우는 일에 인도자가 되게 하시고, 빛과 소금의 본이 되는 교사들이 되도록 성령과 지혜를 주시옵소서.

또한 교사들에게 어린 영혼을 사랑하는 뜨거운 마음을 주시옵소서.

주님의 양떼를 먹이는 일을 주님이 주신 사명으로 여기며 최선을 다하게 하시고, 주님께서 원하시는 성경적인 교사, 섬기는 교사가 되도록 인도해 주시옵소서.

교사들에게 건강을 허락하셔서 영혼을 가르치는 사역에 소홀함이 없게 하시고, 하나님 보시기에 아름다운 삶을 드리는 신실한 일꾼이 되게 하여 주시옵소서.

모든 말씀 예수님 이름으로 기도드리옵나이다. 아멘.

담임목사님께 성령 충만, 건강, 지혜 주옵소서.

마순자 집사

지금도 살아계셔서 역사하시는 참으로 좋으신 하나님 아버지 감사를 드립니다.

제23차 총동원 새벽기도학교를 통하여 담임목사님을 위하여 기도합니다.

항상 말씀을 연구하시고 노력하시며 기도하시는 목사님을 붙들어 주셔서 성령 충만, 말씀 충만, 영력 충만하게 해 주시길 원합니다.

그리고 영육 간에 강건케 해 주시고, 강철 같은 체력을 주셔서 주님의 사역을 행하실 때 지치지 않도록 지켜주십시오.

이 시대에 뛰어난 설교자, 능력의 목회자가 되도록 인도하여 주시고, 늘 어느 곳에서나 크게 쓰임 받는 목사님으로 세워 주시길 원합니다.

아버지 하나님 구하옵나니 하늘의 문을 여시어 목사님의 마음 속 깊이 지혜로 채워 주시길 원합니다.

또한 양 무리를 당신의 사랑으로 충만케 인도하여 주심을 믿사오며 지혜의 근본이신 예수 그리스도 이름으로 감사하며 기도드립니다.

아멘.

담임목사님의 문화예술선교를 위해

이정임 집사

사랑과 은혜가 풍성하신 하나님 아버지, 감사와 찬양과 경배를 드립니다.

이 시간 기독교 문화 예술 선교로 주님 나라가 확장되기를 간절히 기도합니다.

특히, 문화 예술을 많이 접하는 청소년들에게 가까이 다가가 기독교 문학과 방송, 음악과 미술은 물론 연극 무용에 이르기까지 다양한 매체를 통해 그리스도를 전파하여 주님의 나라가 확장되는 놀라운 일이 일어나게 하옵시길 간절히 기도합니다.

그리하여 우리나라가 기독교 국가가 되게 하여 주시옵소서.

더욱이 우리나라의 세속적인 문화 예술이 한류라는 이름으로 아시아는 물론 전 세계 각국 안방까지 차지하며 국위를 선양하고 있는 이 때에 우리 기독교 문화 예술도 국내는 물론 전 세계에 전파하여 주님 나라를 확장시키는데 조금도 부족함이 없게 하여 주시옵기를 간절히 원합니다.

특히 이 일에 큰 관심을 가지고 계시는 우리 목사님에게도 함께 하여 주시고 방송과 문서, 문화와 예술을 통하여 선교의 사명을 감당하시는데 부족함이 없도록 도와주시기를 간절히 바라오며 이 모든 말씀을 우리 구주 예수 그리스도의 이름으로 간절히 기도하옵나이다. 아멘.

시간 시간마다 성령 충만 주옵소서.

양인경 집사

사랑의 하나님 감사합니다.

이번 총동원 새벽기도학교 매시간시간마다 성령 충만을 주옵소서.

그리하여 매시간시간 참여하는 모든 심령들이 구원의 감격을 되새기며 우리의 나태했던 모습이 주님 나라를 위해서 새롭게 헌신하며 결단하는 은혜를 주옵소서.

이번 총동원 새벽기도를 통해 새로운 기쁨과 은혜로 넘치게 하옵소서.

빈들에 마른 풀들이 단비를 맞아 소성하듯이 우리의 영과 육이 성령 충만함으로 소성케 하여 주옵소서.

시간 시간마다 모든 성도들이 하나 되어 기도하며 모일 때에 성령 충만하여 놀라운 성령님의 역사가 일어나는 귀한 시간이 되게 하옵소서.

또한 시간 시간 증거되는 말씀으로 더욱 성령 충만케 하시며, 우리의 내면의 진실과 영적인 성숙이 이루어지게 하옵소서.

예수님의 이름으로 기도드립니다.

아멘.

환자들과 연로하신 성도들을 위해

조숙자 집사

하나님 아버지 감사합니다.

매일 매일 저희에게 은혜로 채워주시니 감사합니다.

이 시간 환자들을 위해서 기도합니다.

능력이 많으신 하나님 아버지!

지금 이 시간에도 병원에서 고통 받고 있는 환자, 집에서 요양하시는 분들을 이 시간 신령한 은혜를 내리시사 치료의 광선을 발하여 속히 회복의 기적이 일어나게 하여 주시옵소서.

주님의 옷자락만 만져도 고침을 받는다는 것을 믿사오니 주여 도와 주시옵소서.

믿음의 기도는 병든 자를 구원하신다고 말씀하신 하나님 아버지, 서로의 병 낫기를 위해 기도하는 저희들의 기도에 응답하여 주셔서 건강한 육신으로 주님을 온전히 섬기는 자녀되게 하옵소서.

특별히 이 기간을 통하여 모든 성도님들부터 어린아이까지 건강으로 채워주실 줄 믿사옵고 사랑 많으신 예수님 이름으로 기도하옵나이다.

아멘.

제1차 성경 1천독 목표 달성을 위해

이정희A 집사

은혜로우신 하나님 감사합니다.

이 새벽기도 시간에 서른일곱 번째로 1차 성경 1천독 목표 달성을 위해 기도합니다.

하나님 아버지!

전교인이 다 성경 1천 독을 향하여 달려갈 수 있도록 도와주옵소서.

하나님의 말씀은 우리의 영과 혼과 골수와 관절을 찔러 쪼개는 능력이 있음을 믿사오니 하나님의 말씀인 성경을 많이 읽으므로 영적으로 성숙하며, 하나님을 바로 알아가는 시간이 되게 하여 주옵소서.

우리가 성경 말씀으로 무장하여 사탄이 시험할 때마다 말씀의 무기로 이기게 하옵소서.

또한 성경을 많이 읽고, 아는 것에서 그치는 것이 아니라 말씀대로 행함으로 변화되는 우리교회 모든 성도들이 되도록 성령님 인도하여 주옵소서.

말씀을 마음에 새기고 실천함으로 하나님의 놀라운 복을 받는 우리 모두가 되게 하옵소서.

예수님의 이름으로 기도합니다.

아멘.

담임목사님의 세미나 인도와
특강 준비를 위해

홍효의 성도

사랑의 하나님, 날마다 새로운 은혜로 채워주시고 보호해 주심을 감사드립니다.

또한 삶의 질을 결정하는 믿음의 기도라는 주제로 제23차 새벽기도학교를 열어 주시사 은혜 충만히 받게 하여 주심을 진심으로 감사드립니다.

이 시간 특별히 기도 하옵기는 담임목사님의 세미나 인도와 특강 준비를 위해 기도합니다.

준비하시는 과정에서부터 하나님께서 주시는 영감이 있게 하여 주시고 강의를 듣는 모든 성도들에게 영적인 발전과 성숙이 더해지는 발판이 되는 좋은 기회가 되게 하여 주시사 많은 열매를 맺는 귀한 시간들이 되게 하여 주시옵소서.

또한 담임목사님께서 세미나와 강의를 인도하시는 동안 성령님께서 주관하셔서 육적인 건강과 영적인 풍성함을 누리시게 하여 주시옵소서.

이 모든 말씀 지금도 살아계셔서 역사하시는 예수님 이름으로 기도드립니다.

아멘.

직장인들과 실직자들의 일터를 위해

이병덕 집사

모든 생사화복을 주관하시는 하나님 아버지!

오늘도 일할 수 있도록, 주님을 바라볼 수 있도록 인도하여 주심을 감사드립니다.

먼저 직장에서 일하는 성도들을 위하여 기도드립니다.

어느 곳에서 일하든지 성실함으로 일하게 하시고, 직장 동료에게 인정을 받을 수 있도록 인도하여 주옵소서.

그 곳에서도 믿는 자의 향기를 들어내게 하시며, 직장생활이 신앙훈련의 장이 되게 하옵소서.

그리고 성도로 인하여 일터가 복이 되게 하셔서 날마다 성장하는 일터가 되게 하옵소서.

또한 하나님 아버지!

일하기를 원하나 일터를 잃은 분들이 있습니다.

먼저 그들의 마음을 위로하여 주셔서, 낙심치 말고 새 힘을 갖게 하옵소서.

어려울 때 주님을 더욱 의지함으로 쉼의 시기를 유익으로 삼고 극복하여 승리케 하여 주옵소서.

그리고 주님!

적당한 시기에 길을 열어주시어 그 분들에게 더 나은 일터, 더 잘 맞는 직장으로 인도하여 주님의 일을 하게 하옵소서.

주님이 우리의 일터를 언제나 인도하여 주실 것을 믿으며 예수님의 이름으로 기도드립니다.

아멘.

가난한 자들과 소년 소녀 가장들을 위해

김정화 집사

하나님 아버지, 새벽기도학교를 열어주심을 감사합니다.

이 시간은 가난한 자들을 위해서 기도합니다.

우리 눈에 아무 증거가 보이지 않아도 당장 눈앞의 어려움보다는 하나님 아버지로 인하여 소망 잃지 않고 살아가도록 해 주시고 가난으로 인한 박탈감보다는 우리를 도우시는 주님만 바라보며, 천국 소망을 가지고 내일을 바라보며 살아갈 수 있도록 하여 주시옵소서.

오늘의 가난이 내일의 소망이 될 수 있게 하옵소서.

하나님, 소년 소녀 가장들을 위해서 기도합니다.

아버지여 저들을 불쌍히 여겨주시옵소서.

저들의 무거운 삶의 짐을 짊어 지어 주시고, 주님 저들이 힘들 때 주님을 찾고 기도하며 주님만 바라보게 하시고, 저들의 아픈 마음 위로하여 주시옵소서.

우리 믿는 자들이 어려운 자들을 위해서 기도하며 그들을 외면하지 않고 구제에 힘쓰며 주의 사랑을 실천할 수 있도록 인도해 주옵소서.

예수님 이름으로 기도합니다.

아멘.

오지에서 선교하는 선교사들을 위해

나대환 성도

사랑의 하나님 감사합니다.

영혼구령의 사명을 가지고 세계 각 나라의 오지와 이 땅의 오지에서 복음을 전하시는 선교사님들에게 능력을 주시기를 바랍니다.

하나님의 은혜와 사랑 안에서 주님을 위해 헌신하며 오직 복음만을 위해 선교하시는 선교사님들을 붙들어 주시사 주의 종들을 통하여 복음이 세상 끝까지 증거 되게 하옵소서.

특히 오직 주님만을 위해 자신의 모든 것을 버리고 헌신하시는 선교사님들을 붙들어 주셔서 그 가정을 하나님께서 지켜주시고, 선교하시는 모든 일에 필요한 모든 것들을 공급하여 주옵소서.

사랑의 하나님!

선교사님들에게 기도 후원자와 물질의 후원자들을 허락하여주시고, 선교에 함께 동참하는 귀한 동역자들을 만나게 하옵소서.

예수님의 이름으로 기도드립니다.

아멘.

담임목사님의 Tape 선교와 인터넷 선교를 위해

안주연 권사

늘 함께 하시는 사랑의 하나님 감사합니다.

주님께서 맡겨주신 선교 사명을 위하여 헌신하시는 담임목사님을 위해 기도합니다.

담임목사님의 Tape 선교와 인터넷 선교에 함께 하여 주시사 땅 끝까지 이르러 내 증인이 되라고 분부하신 주님의 명령을 Tape 선교와 인터넷 선교를 통하여 이루게 하여 주옵소서.

또한 목사님의 Tape 선교와 인터넷 선교를 통해 말씀을 듣는 자들로 하여금 복음의 진리를 깨닫게 하시고, 구원에 이르는 많은 무리들이 나타나게 하소서.

특히 주님을 알지 못한 자들이 주 앞에 나올 수 있는 은혜를 주시고, 말씀을 통해 강퍅한 마음이 깨어지고 마음의 문을 열수 있도록 도우소서.

Tape 선교와 인터넷 선교로 복음의 씨앗이 세상에 널리 퍼지는 놀라운 역사가 일어나게 하옵소서.

그리하여 온 세계 위에 하나님의 영광이 나타나며, 복음이 온 세상에 울려 퍼지게 하옵소서.

늘 함께 하시는 예수님 이름으로 기도드립니다. 아멘.

당회원 중보기도 사역을 위해

김덕자 집사

사랑이 많으신 하나님 아버지 감사합니다.

교회와 성도를 위해 중보기도 사역을 감당하시는 당회원들을 위해서 기도합니다.

이 악한 세상에서 주님께서 맡기신 귀한 직분의 사명 중에 특별히 중보기도 사역을 감당하게 하신 하나님, 당회원들에게 이 사역을 잘 감당할 수 있는 지혜와 능력을 허락하여 주시고, 많은 성도들에게 정말로 믿음과 신앙과 기도의 본이 되는 당회원이 되게 해 주옵소서.

교회를 위하여, 기관들을 위하여, 성도들을 위하여 간구하는 모든 기도에 놀라운 응답의 역사를 허락하셔서 간구하는 것마다 이루어지는 기쁨을 누리게 하옵소서.

그리하여서 당회원들의 중보기도 사역이 하나님의 은총 속에서 늘 이루어지기게 하옵소서.

예수님의 이름으로 기도합니다.

아멘.

지체부자유자들과 고아원, 양로원들을 위해

우정진 성도

사랑의 하나님 감사합니다.

이 시간 지체부자유자들과 고아원, 양로원을 위해서 기도합니다.

먼저 이들에게 사랑과 관심을 갖지 않고 돌아보지 못한 것을 회개합니다.

우리들의 마음 가운데 그들을 향한 잘못된 이해와 잘못된 생각을 버리게 하시고 오직 하나님 안에서 한 가족임을 깨닫고 사랑할 수 있도록 하여 주시옵소서.

우리가 지체부자유자들과 고아원, 양로원에 더 많은 관심을 갖게 하시고, 그들의 필요를 채우며, 그들을 도우며 섬길 수 있도록 하여 주시옵소서.

또한 지체부자유자들과 고아원, 양로원에 거하는 이들에게 하나님의 사랑과 은혜를 허락하시사 그들이 하나님의 사랑과 은혜로 인해 더욱 기뻐하며 즐거워하며 행복한 삶을 살길 원합니다.

그리고 그들에게 필요한 물질과 모든 것들을 채워 주옵소서.

그리하여 우리 모두가 하나님 안에서 행복할 수 있도록 도와주옵소서.

예수님 이름으로 기도드립니다. 아멘.

2006년도 교회와
모든 기관 예산 초과 달성을 위해

전정현 성도

변함없는 사랑으로 우리와 함께 하시는 하나님 아버지 감사드립니다.

2005년 한 해도 성도들 가정과 사업장과 직장들에 복을 주셔서 한 해 동안 각 기관들 사업과 행사에 부족함이 없게 하시니 감사합니다.

다가오는 2006년도에는 더욱 큰 복을 주셔서 하나님께 드리는 손길이 더욱 크고 복되기를 소망합니다.

특별히 교회 위에 물질의 축복을 허락하여 주시사 교회와 각 기관들이 계획하고 필요로 하는 예산보다 더 차고도 넘치게 하여 쓰고도 남음이 있게 하여 주시옵소서.

세상 모든 만물의 주인 되시는 하나님 아버지, 물질이 부족하여 하나님의 사업을 중단하는 일이 없도록 더욱 크신 물질의 축복과 은혜를 허락해 주시옵소서.

예수님 이름으로 기도합니다.

아멘.

담임목사님의 나라를 위한 기도와
해외선교 집회를 위해

변의숙 집사

우리의 보호자이시요, 영원하신 하나님!

늘 우리에게 베푸시는 은혜에 감사를 드리며 하루의 시작을 이렇게 주님께 먼저 드림에 또한 감사를 드립니다.

우리가 주님을 사랑하고 있지만 어려움이 없을 때만 사랑하고 있지는 않은지 우리 자신을 돌아보게 하옵시며 언제 어느 때라도 늘 한결같은 믿음을 주시옵고 한결같은 사랑을 베풀 수 있도록 은혜 내려 주시옵소서.

이 시간 담임 목사님을 위하여 기도를 드립니다.

나라를 이하여 기도하고 있사오니 그 기도의 응답을 허락하여 주시옵소서!

뜨거운 눈물로 이 나라를 위하여 기도하시는 목사님께 능력을 부어 주시옵고 이 나라의 경제와 예술, 사회, 모든 분야들에 속속들이 기도하는 대로 응답하여 주시옵소서.

그리고 선교에 뜻을 품어 해외 집회를 가실 때도 은혜롭게 인도할 수 있도록 도와주시고 말씀 선포 하실 때마다 능력의 말씀을 전할 수 있도록 힘을 주시옵소서.

더위와 추위에 지치지 않도록 육신의 강건함도 허락하여주시고 비

행기를 탈 때나 어디를 다니시더라도 항상 안전을 지켜주시옵소서.

또한 선교하는데 재정적인 어려움도 주님께서 해결하여 주실 것을 믿습니다.

목사님을 위시하여 온 교인이 합심하여 이 나라가 주님의 나라로 바로 설 수 있도록 그리고 주님 말씀이 세계 곳곳에 전파 될 수 있도록 함께 기도하며 나아갈 수 있도록 도와주실 것을 믿사오며 오늘도 주님의 사랑에 감사드립니다.

예수님의 이름으로 기도드립니다.

아멘.

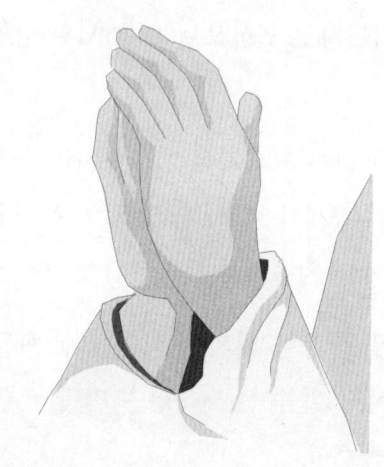

신혼부부들과
결혼 적령기에 있는 자들을 위해

양문철 집사

사랑의 주님!

많은 사람들이 잠에 들어있을 이 시간 하나님의 말씀을 사모하고 듣고자하는 열정을 저희들에게 주시어 쉽지 않은 잠의 유혹을 뿌리치고 이렇게 주님 전으로 달려오게 하심을 감사드리옵고 아울러 매사에 주님의 뜻을 헤아리고 주님의 말씀에 귀를 기울여야 하는 것이 우리 삶의 바른 모습일진대 그러하지 못하고 있음을 주님 앞에 고개 숙여 용서를 구합니다.

주님 오늘 이 시간에는 미래의 배우자를 위해 열심히 정성을 다해 기도로 준비 해 오고 있는 형제, 자매와 결혼 한지 얼마 되지 않은 신혼부부를 위해서 기도하고자 합니다.

이삭을 위해 리브가를, 룻을 위해 보아스를 예비해 두셨던 주님은 분명 이들을 위해서도 준비하고 계시리라 믿습니다.

신앙 안에서 지혜롭고 현숙한 배우자를 만나느냐 그렇지 못하느냐는 각 사람의 인생과 신앙에 얼마나 많은 영향을 미치고 있는가에 대해서는 모두가 알고 있기에 오늘 이 시간을 통해 배우자를 위한 기도의 중요성을 다시금 깨닫는 귀중한 시간이 되게 하옵소서.

그래서 돕는 배우자를 맞이할 수 있도록 무시로 기도하는 이들이 되게 하여 주시옵소서.

하나님의 축복 속에 새로이 가정을 이루게 된 이들은 무엇보다 주님을 모신 가정으로서 세상과 구별된 삶을 살게 하시고 주님의 뜻대로 영육간에 기쁨과 풍성함이 넘치는 가정을 만들어 갈 수 있도록 인도하여 주시옵고 또한 자녀의 복도 허락해 주셔서 하나님이 주시는 생명의 선물들을 통해 더 큰 기쁨을 누리게 하시고 주어진 자녀들은 믿음 안에서 잘 양육할 수 있도록 도와주시길 바랍니다.

끝으로 이른 아침부터 깨어 기도하고자 모인 모든 이들에게 한없는 주님의 축복이 임하시길 바라며 살아 계셔서 날마다 저희들과 동행하시는 예수 그리스도의 이름으로 기도 드립니다.

아멘.

유학생들과 군복무중에 있는 자들을 위해

윤복숙 집사

오늘도 기도할 힘을 주신 하나님 아버지 감사합니다.

비전을 품고 사랑하는 가족과 교회를 떠나 멀리 이국 땅에서 공부하고 있는 유학생들을 위해 기도합니다.

꿈과 미래를 향한 계획을 가지고 떠난 유학의 길을 하나님 동행하여 주시고, 힘들고 어려울 때마다 하나님을 찾고 믿음 안에서 생활하게 하시며, 목표했던 모든 공부를 마치고 돌아올 때까지 하나님 보호해 주시고 건강을 지켜 주시옵소서.

또한 군에 입대한 사랑하는 아들들이 있습니다.

나라와 민족을 위하여 젊음을 바치는 아들들을 지켜주시사, 국방의 의무를 감당할 때 맡겨진 일에 충성되게 하시고, 훈련과 그 밖의 위험한 상황 속에서도 늘 지켜주셔서 하나님의 함께 하심을 느끼게 하여 주옵소서.

믿음 안에서 승리하게 하옵소서.

또한 군복무하는 기간동안 좋은 사람들을 만나게 하시고, 특히 믿음의 사람들과 함께 기도하며 승리하게 하옵소서.

군 복무를 마치는 순간까지 늘 동행하여 주옵소서.

예수님의 이름으로 기도합니다. 아멘.

민주통일과 탈북자들을 위해

주영남 권사

사랑의 하나님! 평화와 일치의 주님!

우리 민족이 반세기가 넘도록 다툼 속에서 고통하며 가슴을 치는 아픔의 상처를 끌어 안고 살아온 이 민족을 기억하여 주시옵소서.

하루 속히 민족통일을 이루어 주시옵소서.

경쟁과 속임수, 증오와 무관심으로 오랜 세월 헤어져 살아온 야곱과 에서를 다시 만나게 하신 주님, 이제 남북 화해를 위하여 우리가 앞장서게 하여 주시옵소서.

또한 피나는 헌신과 사랑과 진실 됨이 모여서 평화와 일치를 이루어 내게 하여 주시옵소서.

느헤미아의 기도를 응답하셔서 불타고 무너진 예루살렘을 세우신 것같이 북한 땅을 회복시켜주시옵소서.

지금도 지하에서 목숨을 잃을 것을 각오하고 주님께 예배하는 주의 백성을 기억하사 북녘 땅에 다시금 푸르고 푸른 그리스도의 계절이 오게 축복하여 주시옵소서.

또한 탈북자들을 기억하여주시옵소서.

고통과 불안 가운데 있는 그들을 위로하여 주시고 인권을 보호받을 수 있도록 또 그들에게도 복음을 듣게 하여 주사 메마른 뼈들에 생기를 주시고 살을 붙이사 온전한 주의 백성이 되기를 소원합니다.

사단에게 매여 사람을 우상으로 섬기고 있는 저들의 영혼에 영육간에 자유함을 허락하여 주시옵소서.

모든 말씀 예수그리스도 이름 받들어 기도드립니다.

아멘.

담임 목사님의
제자양성과 복지목회를 위해

나일기 집사

사랑과 은혜가 풍성하신 하나님 아버지 감사합니다.

하나님 아버지께서 주신 귀한 이 시간 담임 목사님의 제자양성과 복지목회를 위해 기도합니다.

모든 성도들이 목사님이 계획하신 양육반과 제자반의 체계적인 훈련을 통하여 성령과 믿음이 충만한 일꾼되게 하시고, 제자양성을 통하여 온 교회 성도들이 예수님의 제자가 되어 섬기게 하옵소서.

생명의 양식인 하나님의 말씀을 배움으로 믿음의 전신갑주를 입고 사탄의 권세를 물리치는 성도되게 하옵소서.

하나님 아버지, 담임 목사님의 복지목회를 위해 기도합니다.

목사님께서 세우신 복지목회가 온전히 이루어지도록 이 일에 동역자들을 세워주시고, 뜻하신 모든 일들을 온전히 이루어 주시옵소서.

복지목회를 감당하기 위해서는 여러 가지 행정적인 일과 물질이 많이 필요하오니 이 모든 부분도 합력하여 선을 이루시는 아버지께서 형통케 하옵소서.

이 복지목회를 통하여 아직 믿음의 반열에 들지 못한 자들에게 복음이 전파되게 하옵소서.

이 시간 간구한 모든 기도를 이루어 주시리라 믿사오며 예수님 이름으로 기도합니다.

아멘.

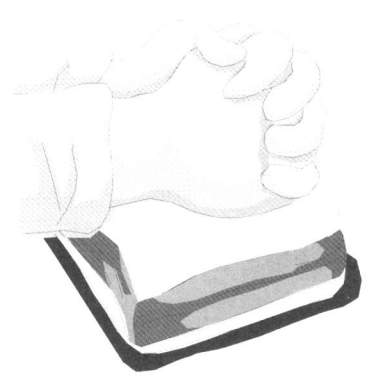

영상매체(방송) 복음화와
우상 문화 타파를 위해

박민안 권사

소망의 주가 되시는 하나님 감사합니다.

방송을 통하여 복음을 전할 수 있는 기회와 전하는 자들이 많게 하시고 귀로 듣는 자와 눈으로 보는 자들을 통하여 하나님의 말씀이 전해질 수 있도록 도와주시옵소서.

또한 그 말씀을 통하여 삶이 변화되게 하시며 그리스도의 향기가 전해질 수 있도록 도와주옵소서.

또한 이 땅 위에 우상 문화가 무너지는 하나님의 놀라운 능력도 더하여 주옵소서.

그리하여 믿는 자들의 삶이 하늘에는 영광이 되게 하시고 우리들의 삶이 기쁨이 되게 하여 주옵소서.

예수님 이름으로 기도합니다.

아멘.

원로 목사님들과 홀 사모님들을 위해

서상현 집사

하나님 아버지 감사합니다.

주님의 부르심을 받고 한 평생 복음을 전하는 일에 모든 것을 바치신 원로 목사님들을 위해 기도합니다.

희로애락의 모든 것을 겪으면서 주님만을 붙잡고, 주님만을 바라보며 복음 증거에 힘쓰신 원로 목사님들을 기억하여 주시고, 영육간에 강건함을 허락하사, 주님 오시는 그날까지 주 예수님께 받은 사명을 잘 감당할 수 있도록 함께 하여 주시옵소서.

또한 홀로 되신 사모님들을 위해 기도합니다.

외로움과 슬픔 속에서도 주님만을 바라보며, 주님 나라를 소망하면서 모든 고난을 이기고, 믿음 변치 않도록 주님께서 인도하여 주시옵소서.

주님 오시는 그 날에는 지난날의 모든 삶이 위로받고, 기쁘고 행복한 삶이 되도록 주님 꼭 붙들어 주시옵소서.

이 모든 말씀 예수님의 이름으로 기도합니다.

아멘.

이북교회 재건과 독재정치 종식을 위해

민인성 성도

1907년 장대현교회에서 시작된 평양 대부흥운동을 통해 우리나라 복음화의 불을 지피셨던 주님!

백년전 이런 이북교회들의 뜨거운 믿음과 회개운동을 통해 이 민족을 기도의 민족으로 변화시켜주시고 지금의 선교대국으로 인도해 주심을 감사합니다.

현재 본 교단을 비롯하여 몇몇 교단들이 이북교회 재건을 통해 북녘땅의 복음화를 위해 앞장서고 있습니다.

주님!

무너진 이북교회의 재건을 통해 백년전 성령의 역사가 회복되게 하시고 다시금 대부흥의 불길이 일어나길 소원합니다.

이북교회 재건을 통해 하나님말씀이 저 북녘 땅에 선포될 때 공산주의가 무너지고 일인 독재정치가 무너지고, 세습정치가 무너지며 주체사상이 무너지는 역사가 일어날 줄 믿습니다.

50년 전 남북분단의 아픈 역사로 인해 북한 동포들이 복음을 접하지 못한 체 일인독재정권 속에서 고통 받고 죽어가고 있음을 안타까워하시는 주님!

이제 하나님 앞에 저 북한정권이 철저히 굴복되어지는 역사가 있기를 소원합니다.

하루 속히 이북교회가 재건되어지고 복음이 회복되어져서 북한사회가 개방되어지고 변화 되어질 수 있도록 주님 이 나라와 이 민족을 붙들어 주시옵소서.

이 모든 것 예수 그리스도 이름으로 기도하옵나이다.

아멘.

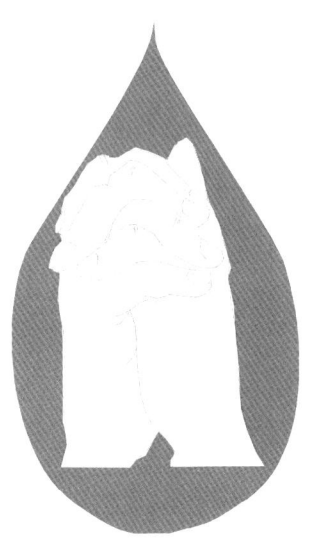

순교자 가족들과 순교신앙 전승을 위해

이인순 집사

이 땅에 복음을 심어주신 하나님 감사합니다.

자신의 생명보다 복음을 위해 사셨던 순교자의 가족들과 그 순교 신앙 전승을 위해서 기도합니다.

내 가족이나 내 안위보다 하나님의 말씀만을 위해서 살았던 순교자들이었습니다.

사도 바울처럼 오직 복음을 위해 자신의 모든 것을 버렸던 순교자들이었습니다.

그 남은 가족들을 하나님께서 지켜주시고, 은혜로 함께 해 주시기를 간절히 소원합니다.

그리하여 순교 신앙이 계속해서 전승되어지기를 원합니다.

이 땅에 오직 복음만을 위해 사는 수많은 순교자들이 나오게 하시고

그 순교자들의 신앙이 계속해서 후손들에게 전승되어지는 놀라운 역사가 있기를 원합니다.

세상에 헛된 것을 좇는 많은 무리들 속에서 순교자의 정신을 이어받아 오직 복음을 사랑하고 복음만을 위해서 사는 하나님의 거룩한 자녀들이 되도록 인도하옵소서.

예수님의 이름으로 기도합니다. 아멘.

기독교 방송국들과
기독교 대학과 학원을 위해

조선희 집사

사랑과 공의의 하나님 감사합니다!

이 땅에 세워진 기독교 방송국들을 통하여 세상의 문화가 아닌 기독교 문화가 세상을 이끌어가게 하시고, 그리하여 온 세상을 진리 가운데로 인도하는 나침반과 같은 선교 센터가 되게 하옵소서.

특히 영상매체를 사탄에게 빼앗기지 않도록 지켜주시고, 복음의 파수꾼이 되어 방송설교와 기독교 영상을 통하여 하나님의 나라가 이 땅에 퍼져 나가게 하소서.

또한 이 땅에 기독교 대학들과 학원들이 정치와 경제와 문화와 교육을 책임지는 전문인을 양성하게 하옵소서.

단순히 지식만을 가르치는 곳이 아니라 마음이 따뜻한 지도자를 양성하는 양성소가 되게 하옵시고, 저들을 통해서 하나님의 뜻이 세상에서 이루어지는 놀라운 역사를 허락하여 주옵소서.

어느 곳이든 개인의 욕심이나 잘못된 가치관으로 세워진 목적을 잃어버리지 않게 하시고, 항상 하나님의 뜻에 따라 복음의 파수꾼이 되도록 인도하옵소서.

예수님 이름으로 기도합니다.

아멘.

지역 복음화와 발전, 서울 복음화를 위해

주정순 집사

제 23차 새벽기도학교를 허락하신 하나님 아버지 감사합니다.

교회 옆에 공원을 조성하신 하나님! 또한 교회 주변을 뉴 타운 개발 지역으로 허락하신 하나님!

변화하는 이 시대의 모습을 보면서 먼저 우리 교회가 변화되고 준비되는 교회가 되게 하여 주옵소서.

그리하여 이 지역의 복음화를 위해 기도하며, 전도하는 교회가 되게 하시고, 더욱 이 지역에 죽어가는 많은 영혼들을 구원하는 일에 모든 것을 헌신하는 우리가 되게 하옵소서.

또한 이 지역과 서울 전부가 우리 교회로 말미암아 날마다 구원 얻는 수많은 무리들이 생겨나도록 역사하옵소서.

영혼에 대한 뜨거운 마음을 갖게 하시고, 사도 바울처럼 죽어가는 민족을 가슴에 품고 기도하게 하옵소서.

사랑의 하나님!

이 지역에 존재하는 사탄의 무리들이 다 물러가게 하시고, 그리하여 이 지역이 더욱 발전하며, 범죄 없는 마을, 사랑과 평화가 넘쳐나는 도시가 되게 하옵소서.

땅 끝까지 복음을 전하는 증인이 되기 위해서 먼저 교회 주변의 이웃부터 전도하게 하시고, 우리로 인해 서울 복음화 운동이 불꽃같이 일어나게 성령님 도와주옵소서.

예수님의 이름으로 기도 드립니다.

아멘.

일본, 중국, 이슬람권, 불교권 복음화 위해

강미란 집사

세상을 사랑하시는 하나님 감사드립니다.

우리에게 복음을 주시고 땅 끝까지 복음을 전하라 하신 하나님!

우상숭배와 샤머니즘으로 가득 찬 일본, 중국, 이슬람권, 불교권의 나라에도 복음이 흘러넘치게 하옵소서.

미신이 편재한 일본과 중국을 불쌍히 여기시고, 이슬람과 불교에 빠진 자들을 긍휼히 여겨 주옵소서.

그리하여 저들이 거짓을 버리고, 오직 참되신 하나님 앞에 나와 엎드려 고백하는 자들이 되게 하시고, 미신 숭배에 빠져 영육이 헐벗은 나라들이 복음으로 인하여 복 받는 나라가 되게 하여 주옵소서.

특별히 온 세계 방방곡곡에서 주님의 복음을 전파하는 선교사님들을 능력으로 인도하여 주시사, 저들을 통해 일본, 중국, 이슬람과 불교에 빠진 나라들이 복음화 되는 놀라운 역사가 일어나게 하옵소서.

지금도 죽음을 향해 가는 우상 숭배에 빠진 자들의 영혼을 구원하여 주옵소서.

이를 위해 우리는 더욱 복음에 깨어있는 자들이 되게 하옵소서.

예수님의 이름으로 기도합니다.

아멘.

살인, 강도, 깡패, 불량배, 마약, 밀수가
없는 나라 되도록

배병헌 집사

사랑과 은혜가 충만하신 하나님!

이 시간, 이 나라를 위하여 기도드립니다.

살인, 강도, 깡패, 불량배, 마약, 밀수 등 수 많은 범죄가 이 땅에 더 이상 나타나지 않기를 원합니다.

지금 이 순간에도 많은 범죄가 발생하고 있습니다.

세상의 문명이 발달할수록 반대로 세상에는 어두운 면도 더욱 많이 나타납니다.

우리나라가 경제적으로 크게 성장하였으나 그 과정에서 물질적인 것에만 목적을 두는 사회 분위기가 되었습니다.

이제는 가난과 배고픔을 견디다 못해 저지르는 범죄보다 손쉽게 자신의 욕심을 채우기 위해 극단적인 범죄를 저지르는 경우도 많이 봅니다.

물질문명의 여파로 수많은 청소년들이 범죄자가 되기를 소망하는 경우도 봅니다.

주님,

모든 사람의 마음 가운데 주님의 사랑이 넘치게 하시며 감사하는 마음을 가질 수 있도록 도와주시옵소서.

이미 받은 수많은 사랑과 축복을 깨닫게 하시며 그 사랑과 축복을 다른 이들에게 베풀게 하여 주옵소서.

나의 욕심, 나의 목적만을 채우기 위하여 살아가는 것이 아니라, 주님의 사랑 가운데 서로 사랑하고 감사하며 살아가게 하옵소서.

물질이 중심이 되는 것이 아니라, 그리스도가 중심이 되는 삶이 되게 하시며 바른 가치관이 넘쳐나는 세상이 되게 하옵소서.

주님,

이 땅의 그리스도인들이 이 사회를 밝히며 맑게 만들어가는 빛과 소금이 되기를 원합니다.

이 땅에 흉악한 범죄가 사라지게 하는데 그리스도인들이 앞장서게 하여 주옵소서.

주변의 한 사람, 한 사람에게 그리스도의 사랑을 전파함으로써 이 사회가 점점 더 범죄로부터 멀어지게 하여 주시옵소서.

예수님의 이름으로 기도합니다.

아멘.

모든 운전자들과 자동차, 해상, 항공사고 나지 않도록

김세함 집사

하나님 아버지!

지금까지 지켜주시고 보호하여 주신 것 감사드립니다.

이 시간 모든 운전자들과 그리고 자동차, 해상, 항공사고 나지 않기를 위해 기도드립니다.

사랑의 하나님!

모든 운전자들과 함께 하여 주시옵소서.

모든 사고는 순간에 일어납니다.

그러나 주님께서 모든 운전자들과 함께하시어서 사고라는 불행이 일어나지 않도록 인도하여 주시고, 혹시 위험한 순간이 발생한다 할지라도 피할 길을 허락하옵소서.

항상 하나님께서 친히 그들이 조종하는 손길을 인도하여 주시사 안전 운행되게 하시고, 운행되는 다른 것에도 함께 해 주셔서 늘 안전하고 평안하게 해 주옵소서.

특히 해상과 항공 사고는 이 땅에 큰 슬픔을 가져옵니다.

항상 날씨를 주관하여 주시옵고, 성난 파도가 일 때 잠잠케 하시고

거친 비바람이 불 때 주님께서 그 비바람을 거둬주시기를 기도드립

니다.

모든 것을 주관하시는 주님, 사고로 인하여 슬퍼하는 가정이 없게 하시고, 그리하여 더욱 더 주님께 의지하고 주님의 영광을 위하여 살아가는 저희들이 되게 하여 주시옵소서.

항상 감사드리며, 예수님 이름으로 기도드립니다.

아멘.

초신자와 등록 교인들을 위해

문미숙 집사

하나님 아버지 감사합니다.

초신자와 등록 교인들을 위해 기도합니다.

태초 전부터 구원하시기로 예정하신 자들을 우리 장위제일교회를 통하여 구원의 반열에 들어가도록 하심을 먼저 감사드립니다.

이제 막 신앙생활을 시작한 초신자들이 교회 생활에 잘 적응할 수 있도록 인도하여 주시고 진리의 말씀으로 온전한 믿음의 뿌리가 내리게 하셔서 올바른 신앙생활을 할 수 있도록 도와주옵소서.

온 교회 성도들이 초신자들에게 관심과 사랑으로 가지게 하시고, 사랑과 믿음의 본을 보임으로 서로 섬기는 제자 되게 하소서.

또한 등록 교인들이 우리 교회를 통하여 구원의 확신과 천국의 소망 가운데 사는 변화된 그리스도인이 되게 하옵소서.

하나님께서 주신 달란트를 개발하여 하나님 중심, 성경 중심, 교회 중심으로 섬기게 하시고 믿음의 열매를 맺을 수 있도록 도와주옵소서.

그리하여 날마다 구원받는 무리가 더해가며 제자의 수도 더해가며 하나님의 나라가 확장되며 교회에 큰 부흥 있게 하옵소서.

예수님의 이름으로 기도드리옵나이다.

아멘.

성서공회, 기드온 협회, 번역선교사들을 위해

조연화 집사

자비하신 하나님 감사합니다.

이 시간 간구하옵기는 문서 선교에 헌신하고 있는 성서공회와 기드온협회와 번역 선교사역을 위해 애쓰고 있는 종들을 위해 기도합니다.

세상 끝까지 내 증인이 되라고 하신 주님의 명령을 문서선교로 감당하고 있는 저들과 그 기관을 붙들어 주옵소서.

특별히 문서선교를 감당하는 일에 필요한 모든 것들을 공급하여 주시고, 이 일에 많은 동역자들이 함께 하여 하나님의 귀한 사역을 감당할 수 있도록 인도하옵소서.

그리하여 더욱 성장하는 성서공회와 기드온 협회, 그리고 번역 선교사들이 되도록 인도하옵소서.

또한 이들의 수고를 기억하고 위로하여 주시며 그들의 능력을 배가하셔서 세계만방에 주님의 빛이 미치지 않는 곳이 없도록 큰 역사가 일어나게 하여 주시옵소서.

이 모든 말씀을 예수님의 이름으로 기도드립니다.

아멘.

농촌, 어촌, 오지에 있는 교회와 사역자들을 위해

박유미 성도

거룩하시고 자비로우신 하나님 아버지!

이 새벽에 기도할 수 있게 인도하여 주시니 감사합니다.

하나님 아버지!

이 시간, 특별히 농촌과 어촌 그리고 오지에 있는 교회를 위해 기도합니다.

주 예수 그리스도께서 피로 값 주고 사신 그곳의 교회를 통하여 아버지의 뜻이 이루어지게 하옵소서.

소외된 지역에 있는 교회에 성령으로 충만함을 허락하셔서, 부흥의 불길이 타오르게 하옵시고, 그 지역에 진정한 복음이 전파되는 역사가 일어나게 하옵소서.

또한 농·어촌과 오지에 있는 교회의 여러 가지 어려움들을 살피사 부족함이 없도록 물질적으로 채워 주시고, 그 곳의 교회를 돕게 하신 저희 교회와 다른 교회도 더욱 힘써 그 곳의 교회를 위해 기도하며 도움을 주는 교회가 되게 하옵소서.

그 곳의 사역자들에게도 성령으로 충만케 하사 주님의 말씀을 담대히 선포하게 하옵소서.

또한 그들의 가정에도 넘치는 복을 허락하사 사역하는데 지장이 없도록 은혜를 내려 주옵소서.

소외된 자를 기억하시고 사랑하심을 감사드리오며, 예수님 이름으로 기도합니다.

아멘.

한국 교회 기도원과
기독교신문사들을 위해

김태완 성도

우리를 사랑하사 날마다 은혜와 평강으로 축복하여 주시는 하나님 감사합니다.

이 시간 한국 교회 기도원을 위하여 기도합니다.

기도가 사라져 가는 이 때에 이 땅의 기도원들이 다시금 기도의 불을 붙이는 은혜의 장막이 되게 하옵소서.

또한, 이 나라와 이 민족을 살리는 기도의 목소리가 울려 퍼지는 기도의 요람이 되기를 원합니다.

주의 백성들이 기도원을 통하여 십자가의 은혜를 체험하며, 쉬지 않고 기도하는 하나님의 백성들이 되게 하옵소서.

더불어서 구하는 기도마다 응답해 주시길 원합니다.

또한 이 시간 기독교 신문사들을 위하여 기도합니다.

기독교 신문사들이 존재의 정체성을 바로 알고, 오직 영혼 구원의 목적을 담은 복음만을 증거하는 선교 기관이 되도록 인도하여 주옵소서.

신문사들의 경영에도 하나님의 놀라운 축복을 더하여 주시사 구원의 소식을 전하는 일이 중단되지 않도록 함께 해 주시길 원합니다.

기자들과 편집장, 그리고 운영자와 함께 하셔서 저들의 달란트에 큰 능력과 은혜를 주시사 진리만을 선포하게 해 주옵소서.

주님께서 인도하여 주심을 믿고 감사와 찬송을 드립니다.

이 모든 말씀 우리 주 예수 그리스도 이름으로 기도합니다.

아멘.

기도의 동역자들과 금식기도자들을 위해

이정자 집사

사랑이 많으신 하나님 감사합니다.

총동원 새벽기도학교를 통하여 우리 교회 모든 성도들이 기도의 동역자들이 되기를 원합니다.

기도 응답의 역사를 체험하게 해 주셔서 더욱 기도 줄을 이어가는 기도의 동역자들이 되게 해 주옵소서.

기도 외에는 이런 유가 없다고 하신 주님의 말씀을 기억하면서 24시간 기도하는 기도의 동역자가 되도록 역사하옵소서.

또한 금식 기도 자들을 위해서 기도합니다.

금식은 생명을 걸고 하는 기도이니만큼 금식 기도 자들을 붙들어 주시고 우리 예수님처럼 금식기도에 승리하는 우리 모두가 되게 해 주옵소서.

특별히 기도할 때 사탄이 틈타지 못하도록 성령 하나님이 지켜 주시고 건강에 문제가 생기지 않도록 도와주옵소서.

그리하여 기도를 쉬는 죄를 범하지 않겠다고 했던 사무엘 선지자처럼 우리도 기도를 쉬는 죄를 짓지 않는 기도의 사람으로 변화시켜 주옵소서.

사랑이 많으신 예수님의 이름으로 기도드립니다. 아멘.

교회 확장과 교육관, 복지관 사업을 위해

김미진 성도

사랑하는 하나님, 이 시간 주님 앞에 나아와 기도드리게 하심을 감사드립니다.

주님의 몸 된 성전을 위해 기도합니다.

하나님께서 세우신 장위제일교회가 하나님의 계획 가운데 계속 성장하여 교회 확장을 이루게 하옵소서.

우리 교회에 구원받기로 예정된 자들로 가득 넘치게 하시고, 그들을 수용할만한 교회로 확장되게 하옵소서.

이를 위해 담임 목사님을 중심으로 전 성도가 하나 되게 하시고, 이 일을 계획하며 추진하시는 목사님과 이하 모든 일꾼들에게 지혜를 주셔서 감당할 능력을 덧입혀 주시옵소서.

더불어 교육관 사업을 위하여 기도합니다.

주일학교 학생들이 마음껏 말씀을 배울 수 있는 공간을 허락하여 주옵소서.

그리하여 어린 자녀들이 말씀 속에서 그리스도를 본받고 진정한 하나님의 자녀로 삶 속에서 빛과 소금의 역할을 감당할 수 있도록 도와주옵소서.

사랑의 하나님!

이 지역의 어려운 사람들을 섬길 복지관 사업이 온전히 이루어지게 하소서.

그 속에서 하나님의 사랑을 나누게 하시고, 복지관을 통해 지역 주민들을 하나님께로 인도하게 하옵소서.

이 모든 계획과 소원이 하나님의 뜻 안에서 이뤄지길 원합니다. 온전히 인도하옵소서.

예수님의 이름으로 기도합니다.

아멘.

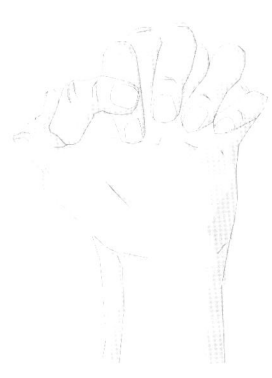

북한 핵무기 개발 중단과
인권탄압 종식을 위해

정춘자 집사

사랑의 하나님 아버지 감사합니다.

북한의 핵문제를 위해 기도합니다.

이 땅에서 핵이 완전히 사라지게 해 주시옵소서.

북한 핵문제는 하나님만 해결하실 수 있음을 믿습니다.

한반도에서 전쟁의 어두운 그림자가 사라지게 해 주시옵소서.

그리고 북한의 동포들을 기억하여 주시옵소서.

공산주의라는 이름으로 자행되는 인권유린을 회복시켜 주시옵소서.

전쟁에 눈이 멀어서 헐벗고, 굶주린 북한의 동포들을 죽음으로 내모는 김정일 정권이 무너지게 해 주시옵소서.

하나님의 은혜와 긍휼을 베푸사 북한 동포들을 구원해 주시옵소서.

신앙의 자유를 주시옵시고 믿음을 주시옵소서.

하나님의 나라가 북한 땅에도 이루어지게 해 주시옵소서.

감사드리며 예수님의 이름으로 간절히 기도드리옵나이다.

아멘.

작가나 모든 예술인들이 거듭나고 복음화 되도록

홍성민 집사

하나님 아버지 저희를 창조하여 주시고 또 저희에게 아름다운 재능을 주신 것을 감사드립니다.

하나님이 주신 달란트를 가진 작가나 예술인들이 그것으로 사람을 미혹하거나 거짓을 따르는 일에 사용하지 않도록 인도하여 주시고, 오직 세상의 왕 되신 하나님을 찬양하는 자들이 되게 해 주옵소서.

이를 위하여 작가나 모든 예술인들이 예수 그리스도를 믿음으로 거듭나게 하시고, 복음화 되게 하옵소서.

그리하여 저들의 목소리가 하나님을 찬양하는 음악이 되게 하여 주시고 이 땅에서 연주되는 모든 악기가 하나님을 높이는 도구가 되게 하여 주시옵소서

모든 작가들과 예술인들이 하나님을 두려워하며, 하나님만 찬양하게 하여 주시사 잘못된 글과 음악이나 대중매체를 통해 하나님을 업신여기고 하나님을 무시하며 하나님의 이름을 망령되게 일컫는 일이 사라지게 하여 주소서

그들의 복음화로 인하여 대중들이 하나님을 더욱더 쉽게 이해하고 또한 하나님을 더욱더 쉽게 만날 수 있도록 해 주시옵소서.

예수님의 이름으로 기도드립니다. 아멘.

우리 교회 모든 부서, 봉사부, 운송부, 시설부, 전도부, 안수집사회, 권사회 등 모든 부서를 위해

최명신 성도

저희 교회에 여러 기관들을 세우시고 그 기관을 통하여 하나님의 나라를 확장하며, 하나님의 역사를 이루시는 하나님 아버지 감사드립니다.

하나님이 저희 교회에 세우신 모든 부서들을 하나님께서 친히 인도하여 주시사 각 부서를 통하여 이 땅에 놀라운 하나님의 뜻을 세우며, 이루는 교회가 되게 해 주옵소서.

특히 각자에게 맡겨진 달란트를 가지고 가장 필요한 부서에서 힘써 충성하게 하신 하나님!

모든 부서들이 주님의 몸된 교회를 세우는 일에 힘쓰게 하시고, 서로 하나 되고 용납하여 가장 헌신된 부서들이 되게 하옵소서.

각 부서의 부서장들을 기억하여 주셔서 저들로 하여금 하나님께서 부서들을 우리 교회에 주신 목적을 바로 알게 하시고, 그 목적에 합당한 부서로서 하나님의 계획들을 이루어나갈 수 있도록 능력과 형통함을 허락하옵소서.

이 땅에서 가장 충성되고 복된 부서로 인도해 주시기를 바라며 예수님의 이름으로 기도드립니다.

아멘.

전 성도 영육의 강건을 위해

김희율 집사

저희를 사랑하시는 하나님!

저희의 모든 발걸음을 인도하셔서 이 새벽을 드리게 하심을 감사드립니다.

지금 전 성도들의 영육의 강건을 위해서 기도드립니다.

세상을 살아갈 때 영육으로 많은 어려움과 유혹이 있습니다.

이 어려움 속에서 영적으로 먼저 강하게 하셔서 항상 기도와 말씀이 생활에서 그치지 않게 하옵소서.

또한 어려울 때나 즐거울 때나 항상 찬양이 입에서 떠나지 않게 하여 주시옵소서.

그리고 육적으로도 강건하게 하여주셔서 기도와 말씀 그리고 찬양 생활에 방해가 되지 않게 하시고, 세상에서 악에게 지지 말게 하옵소서.

세상에 취해 사는 자가 아니라. 사탄의 종노릇하는 자가 아니라 하나님의 자녀요 복음의 군사로서 세상을 이기는 믿음을 가지고 살아가도록 더욱 강건케 하여 주옵소서.

사회에서 성도들이 주님을 믿지 않는 사람들에게 본이 되어 저들이 주님을 믿는 역사를 보게 하여 주시옵소서.

성도들의 가정도 강건하게 하셔서 어떤 시험에도 넉넉히 이기는 가정이 되게 하옵소서.

항상 저희의 영육의 강건을 지켜주시길 기도드리며 예수님의 이름으로 기도드립니다.

아멘.

담임목사님
제24차 총동원새벽기도학교 준비를 위해

조창현 집사

사랑과 은혜가 충만하신 하나님 아버지 감사합니다.

오늘 이 시간까지 23차 총동원 새벽기도학교를 인도해 주신 하나님, 제24차 총동원 새벽기도학교를 위해 기도하오니, 모든 정성과 기도로 준비하시는 담임목사님과 함께 하여 주시옵소서.

준비하시는 그 말씀들이 하나님의 계획 속에서 더욱 은혜롭고 성령 충만한 말씀이 되도록 인도하여 주옵시고, 간구하시는 모든 기도마다 응답받는 기간이 되게 하여 주시옵소서.

그리하여 총동원 새벽기도학교가 단순한 행사가 아니라 하나님의 임재하심과 성령님의 역사하심이 일어나는 기적을 일으키는 시간이 되게 하옵소서.

특별히 영육간에 강건케 해 주시사 하나님의 뜻 가운데 목회계획을 차질 없이 잘 감당하실 수 있도록 영육 간에 강건함으로 지켜주시옵소서.

예수님의 이름으로 간절히 기도드립니다.

아멘.

제 23차
기도 제목들을 다 응답하여 주옵소서

이창근 집사

은혜가 풍성하신 하나님 아버지 은혜를 진심으로 감사드립니다.

저희들에게 제 23차 총동원 새벽기도학교를 허락해 주신 하나님, 또한 새벽기도학교를 통해서 저희들의 기도를 들으신 하나님, 이 시간 간절히 간구합니다.

지금까지 73가지의 기도 제목들을 가지고 눈물 흘리며 드린 기도에 하나님의 사랑과 자비를 허락하옵소서.

저희의 기도를 들으신 하나님, 저희의 모든 기도에 응답해 주시옵소서.

믿음으로 구한 기도는 다 응답해 주신다고 하신 말씀을 믿사오니 믿음대로 이루어 주시옵소서.

그리하여 우리 장위제일교회의 모든 성도들이 우리 목사님을 위시하여 기도 응답의 모델들로 삼아 주시옵소서.

살아계신 예수님의 이름으로 기도드리옵나이다.

아멘.

12월 첫주 제직세미나를 위해

강남숙 집사

은혜가 풍성하신 하나님!

이 시간도 은혜로운 기도회를 주심을 감사드립니다.

이 시간도 주님과 함께하며, 12월 첫 주 제직세미나를 위해 기도드립니다.

기획, 예배, 교육, 시설관리, 선교, 신자관리, 전도, 장학, 교회발전, 재정, 감사위원회 등 저희 장위제일교회에 속한 모든 제직 부서와 함께하여주시고, 특별히 12월 첫 주부터 시작되는 제직 세미나에 함께하여 주옵소서.

제직세미나를 인도하시는 목사님과 우리 모든 제직들을 붙들어 주셔서 이번 제직세미나를 위하여 기도로 준비하는 자가 되게 하시고, 이번 제직세미나를 통하여 하나님 앞에 더욱 충성된 일꾼들로 거듭나게 하여 주옵소서.

그리하여 온전히 하나님 중심으로 우뚝 서는 제직들이 되게 하소서.

하나님 일을 하는 자마다 건강 주시고, 에너지를 넘치게 하시고, 체험케 하시고, 열매 맺게 하소서.

예수 그리스도의 이름으로 기도드립니다.

아멘.

2005년도 남은 기간 목회계획을 위해

천춘수 집사

하나님 아버지!

2005년의 목회를 계획한대로 주관해 주심을 감사드립니다.

모든 목회계획들을 통하여 영광 받아 주시고, 계획을 세우시고 진행하시는 담임 목사님을 붙들어 주옵소서.

주님께 충성하며 주님의 일에 앞장서시며 주님의 발자취를 따라가려고 애쓰시는 목사님을 기억하여 주옵소서.

하나님 아버지, 항상 주님께서 함께 하여 주시고 성령 충만 능력 충만으로 붙잡아 주옵소서.

언제 어디서나 주님을 증거 할 때에 놀라운 역사가 일어날 줄 믿습니다.

하나님 아버지, 앞으로도 남아있는 계획들이 있습니다. 남은 기간 목회계획도 하나님의 섭리 가운데 온전히 이루어지기를 소원합니다.

그 계획들을 통하여 하나님의 놀라우신 뜻이 나타나며 저희들은 주님의 은혜에 동참하게 하옵소서.

아버지께서 모든 계획에 함께 해 주실 줄 믿습니다.

사랑이 많으신 예수님 이름으로 기도합니다.

아멘.

제 23차

총동원 새벽기도학교 대표기도

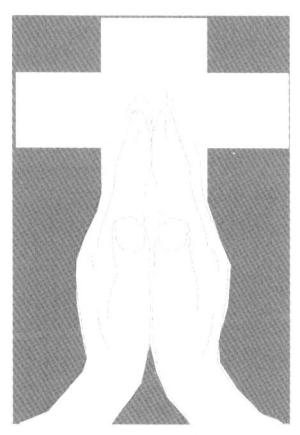

2005. 11. 20. 주일

김영구 장로

죄악 가운데 빠져 있던 저희들을 구원하시기 위하여 친히 인간의 몸으로 오시사 스스로 낮아지신 은혜와 사랑의 주님 감사합니다.

저희들의 죄악으로 인하여 하늘과 땅의 통로가 막힌 절망의 역사 속에 오셔서 저희들에게 새 소망의 길을 열어 만인의 구세주로 오신 주님 우리들을 사랑하시고, 은혜 주시기 위하여 총동원 새벽기도학교를 23회 동안 지켜 주시고, 열게 하신 하나님께 감사드립니다.

주님 이 새벽 미명에 주님을 경배하기 위하여 이렇게 원근 각처에서 모여 예배드리오니 이 예배를 기쁘게 받아주옵소서.

저희들에게 한없는 은혜와 축복을 내려 주옵시고 특별히 말씀을 증거 하실 목사님께 영력을 더하여 주셔서 귀한 말씀 주실 때에 성령 충만한 은혜 주옵소서.

또한 찬양으로 예배를 돕는 성가대 위에도 주께서 함께 하여 주셔서 그들의 입술을 통해 나오는 찬양의 메아리가 주님께는 영광이요 듣는 우리에게는 한마음 한뜻으로 찬양 드리는 시간되게 하옵소서.

주님!

특별히 간구 하옵기는 아직도 무거운 짐을 지고서 고통당하는 심령들, 경제적인 어려움이나 그외 여러 가지 문제들 앞에서 낙심하고 좌절하는 심령들 있습니까?

이 시간 주님을 의지하게 하옵시고, 주님께서 친히 우리와 함께 하여 주시어서 해결함 받는 총동원 새벽기도학교 기간되게 하여 주시옵소서.

특별히 사정이 있어서 이 자리에 함께 참석치 못한 심령들에게 주께서 찾아가 주셔서 그들의 사정을 감찰하시고 필요한 대로 채워주옵소서.

또한 이 자리를 기억할 수 있도록 주께서 주장하여 주옵시길 간절히 원하오며 존귀하신 예수님 이름으로 기도하옵나이다.

아멘.

2005. 11. 21. 월요일

김영림 권사

사랑의 하나님 아버지 은혜를 감사합니다.

이른 아침에 저희들의 단잠을 깨우시고 제 23차 총동원 새벽기도학교 "삶의 질을 결정하는 믿음의 기도"라는 주제 아래 은혜 받게 하심을 감사합니다.

부족하고 연약한 저희들은 갈급한 심령으로 이 자리에 왔습니다. 비인 심령위에 말씀으로 충만하게 채워주시고 우리의 마음이 뜨거워지는 시간이 되게 하여 주시옵소서.

73가지의 중보기도 제목을 가지고 담당자들이 기도 할 때에 응답해 주실 것을 믿고 감사를 드립니다.

새벽기도학교 둘째 날 말씀!

새벽기도하면 홍해가 열린다고 하였사오니 새벽기도 하는 자마다 범사와 생활 속의 답답한 모든 문제들이 해결되어 홍해가 열리는 축복이 있게 하여 주시옵기를 간절히 바라고 원합니다.

세우신 담임 목사님을 통하여 장위제일교회가 거듭 발전하며 성숙되어감을 감사드립니다. 항상 하나님의 능하신 장중에 붙드시고 영육간에 아울러 강건케 하옵소서.

목사님의 목회 비전속에 세계를 향한 선교사업이 완성되어지며 우리 교회가 선교에 앞장서가는 교회로 발돋움 할 수 있도록 축복하여 주시옵소서.

이 시간 귀한 말씀주실 때 아멘으로 화답하는 자마다 응답받게 하시고, 부르짖는 자마다 병마가 물러가며 홍해가 열리는 축복이 있게 하옵소서.

나라의 경제와 안보를 위해 기도하며 신뢰받는 정부 신뢰하는 백성이 되어 다시 한 번 도약하여 세계 속에 경쟁력 있는 나라가 되게 먼저 믿는 자들이 깨어 기도할 수 있게 하옵소서.

그리하여 온 백성이 하나님께로 속하여 복 받는 나라가 되기를 원합니다.

또한 이번 23일 수능을 보는 학생들에게도 함께 해 주셔서 건강도 지키시고 지혜와 총명도 주셔서 수능시험을 잘 치를 수 있도록 도와주시옵소서.

총동원 새벽기도학교에 참석하지 못한 형제들도 있나이다.

출타한 성도, 군복무 중인 성도, 해외에 나간 성도, 병석에 있는 성도까지도 총동원 새벽기도학교를 통하여 홍해가 열리는 복을 받게 하옵소서.

말씀을 들으며 우리의 신앙이 성숙되어지기를 원하오며 모든 말씀 예수님의 이름으로 간절히 기도드리옵나이다.

아멘.

2005. 11. 22. 화요일

박금자 권사

살아계셔서 역사하시는 하나님!

이 새벽도 하나님의 자녀들이 주의 전으로 달려 나왔나이다.

주여 이 시간 하늘 문을 여시고 저희들의 간구 소리를 들으시옵소서.

새벽에 하나님의 말씀대로 믿고 순종하며 실행에 옮겼더니 철옹성과 같은 저 여리고 성이 무너졌나이다.

저희들에게도 모든 삶의 여리고가 무너지게 하옵소서.

부족하고 연약한 저희들 우리의 인생 여정에 하나님의 섭리와 온전한 백성 삼으시기 위함인줄 아옵나니 이 새벽에 기도를 통하여서 하나님의 놀라우신 사랑과 인자하심이 눈으로 보았고 손으로 만졌노라 증거하는 역사가 있게 하옵소서.

말씀을 증거 하시는 목사님 신원을 강건케 하시고 모든 사역 하시는 계획들이 성령님이 앞서 인도하시옵소서.

이 새벽도 영광의 주님을 만나고 돌아가는 주님의 백성들이 다 되게 하옵소서.

감사를 드리오며 예수님 이름으로 기도 올리옵나이다.

아멘.

2005. 11. 24. 목요일

배경순 권사

사랑과 은혜가 충만하신 하나님 아버지 은혜를 감사드립니다.

지난 일년 동안에도 눈동자와 같이 지켜 주시고, 때마다 흡족한 은혜를 내려주심을 진심으로 감사드립니다.

또한 삶의 질을 결정하는 믿음의 기도라는 주제로 제 23차 총동원 새벽기도학교를 허락하여 주심을 감사드립니다.

이번 기회에 많은 성도들 기도의 응답을 받는 귀한 은혜의 시간이 되게 하여 주시옵소서.

하나님 아버지!

저희 교회를 사랑하여 주시사 마지막 때를 당하여 교회의 사명을 다할 수 있는 교회가 되게 하여 주시옵고 모든 성도들 늘 성도의 사명을 다할 수 있도록 성령님 함께하여 주시옵소서.

또한 환절기에 연로하신 성도님들과 병약하여 고생하는 성도들 기억하여 주시사 건강이 회복될 수 있도록 은혜를 베풀어 주시옵소서.

하나님 아버지여, 이 나라와 이 민족을 위해 기도합니다.

먼저 위정자들이 회개하고 주님 앞에 돌아올 수 있게 하여 주시사 혼란한 정치가 새롭게 되고 어려운 경제가 새롭게 되는 역사가 일어나게 하여 주시옵소서.

또한 저희 교회를 받드시는 담임 목사님과 모든 부교역자님들 하나님의 능력의 장중에 붙들어 주시사 귀한 사명을 잘 감당할 수 있도록 은총을 베풀어 주시옵소서.

이 시간 담임목사님 말씀 증거 하실 때 능력의 말씀이 되게 하여 주시사 말씀 받는 저희들 마음 문이 열리어 큰 은혜의 시간이 되도록 성령님 함께 하여 주시옵소서.

이 모든 말씀 우리 주 예수 그리스도 이름 받들어 간절히 기도드리옵나이다.

아멘.

2005. 11. 25. 금요일

주인규 권사

위대하신 하나님!

삶의 질을 결정하는 믿음의 기도라는 제목으로 제 23차 총동원 새벽기도학교 제6일째 날을 허락하여 주심을 감사드립니다.

그동안 마음은 늘 사모하였지만 피곤하고 바쁜 일상에 쫓겨 새벽에 주님을 만나지 못했던 저희들을 용서하여 주시옵소서.

주께서 은혜를 베풀어주셔서 이 새벽에 모아주시고 만나 주심을 감사드립니다.

이번 총동원 새벽기도를 통하여 장위제일교회 성도들의 삶을 축복과 은총으로 변화시켜 주시옵소서.

육신적인 삶에서 영적인 삶을 살게 하여 주시고 근심과 염려에서 자유와 기쁨을 누리게 하여주시며 병들고 나약한 심령들이 강건함을 얻게 하여 주시옵소서.

또한 각 가정 혹은 개인의 모든 기도들이 응답되게 하여 주시사 산처럼 크고 불가능한 것 같던 물질, 자녀, 건강 문제들이 해결되게 하여 주시옵소서.

말씀을 전하시는 담임 목사님께 성령의 충만함으로 말미암아 영육간에 강건하심을 주시옵시며 목사님을 통하여 하시는 모든 선교의 사역들이 날마다 열매 맺게 하여 주시옵소서.

'합심하여 기도하면 하늘 문이 열리고 교회가 부흥 된다'라는 말씀 붙들고 기도하오니 우리 모든 성도들이 모두 한 몸 안에서 각각의 맡은 바 지체로서 사명들을 잘 감당하게 하옵소서.

또한, 한 사람 한 사람의 영혼 안에 성령의 불씨가 일어나 타오르게 하셔서 건강하고 충만한 교회가 되게 하여 주시옵소서.

예수님 이름으로 기도합니다.

아멘.

2005. 11. 26-27. 토, 주일

이양순 권사

하나님 아버지 감사합니다.

이번 23차 총동원 새벽기도학교를 통하여 은혜 받게 하심을 감사합니다.

이번 기도회를 통하여 장위제일교회가 살아서 역사하게 하시고 이 지역 사회 위에 크게 이바지 할 수 있는 교회가 되게 하옵소서.

하나님 아버지, 우리 교회 속한 모든 성도들 가정 가정마다 하나님께서 지켜 주시고 기도하는 것마다 열매 맺게 하여 주시고 하나님의 축복받는 가정들이 되게 하여 주옵소서.

담임 목사님을 위하여 기도합니다. 목사님 강건하게 하여 주고 영역을 칠 배나 더하여 주셔서, 귀하고 복된 말씀 증거케 하여 주옵소서.

듣는 저희들에게는 듣는 귀를 열어주셔서 그 말씀 부여잡고 승리하게 하옵소서.

첫 시간이오니 마치는 시간까지 하나님께서 같이 하여 주실 줄 믿사옵고 살아계시는 예수님의 이름으로 기도드립니다.

아멘.

2005. 11. 29. 화요일

노성기 집사

　사랑과 은혜가 풍성하신 하나님 아버지 새벽기도 학교를 감사합니다.

　하나님 아버지, 죄와 허물 가운데 살아가는 우리들은 하나님의 영광보다는 자기의 영광을 구하기에 급급하였고 하나님의 뜻을 순종하고 섬기기보다는 자신의 욕심에 복종하며 일을 섬기기에 분주하였사옵나이다.

　교회에서 봉사할 때에도 하나님의 영광보다는 내 뜻과 내 생각대로 할 때가 많았습니다.

　하나님 아버지 이 모든 허물을 주님의 깨끗한 피로 씻어 주시고 진실한 영으로 새롭게 하여 주시옵소서.

　하나님 아버지, 23차 총동원 새벽기도는 73가지 기도 제목이 있습니다.

　기도로 준비하는 기도 제목들이 하나님이 기뻐하시는 기도 데목이 되게 하시고, 그 기도가 하나도 땅에 떨어지지 아니하고 하늘에 열매 맺는 놀라운 역사가 이루어지게 하옵소서.

　하나님 아버지 청지기 심령부흥회가 있습니다.

　오시는 강사 목사님을 통하여 말씀 충만, 성령 충만하게 부어주셔서 시간 시간마다 은혜 받아 맡은 직분을 잘 감당하게 도와주옵소서.

하나님 아버지 금식기도 하면 흉악한 결박을 풀어주며 멍에 줄을 끌러주며 압제 당하는 자를 자유케 하신다고 하였사오니 금식기도를 통해서 모든 문제를 해결 받고 하나님 앞에 더욱 가까이 가는 삶을 살게 하옵소서.

예수를 사랑하는 마음 변치 않게 하시옵소서.

산이 변하여 바다가 되고 바다가 변하여 산이 될지라도 주님을 사랑하는 마음은 변치 않게 하시옵소서.

하나님 아버지, 오늘 순서 맡은 기도자들에게도 하나님이 함께 하시옵소서.

이 시간 담임 목사님을 위하여 기도합니다.

목사님 영육간의 더욱더 강하게 하시고 능력의 말씀 살아있는 말씀이 되게 하시어 그 말씀에 순종하는 성도들이 되어 말씀대로 이루어지는 놀라운 역사가 일어나게 하시옵소서.

이 시간 사탄 마귀 떠나가게 하옵시고 오직 하나님만 홀로 영광 받아 주옵소서.

감사드리며 예수님의 이름으로 기도 하옵나이다.

아멘.

2005. 11. 30. 수요일

박종재 집사

 감사하신 하나님 아버지 오늘도 어김없이 미명의 새벽을 깨워 총동원 새벽기도학교를 열게 하심을 감사합니다.

 이번에는 특별히 73가지의 기도 제목으로 기도할 때 주님께 상달되어 기적 같은 역사가 일어나게 하시고 각자의 갈급한 기도를 들어주시며 기필코 응답받는 기간이 되게 하여 주시옵소서.

 각자 피곤하고 힘들지만 주님께서 힘을 주시어 피곤치 않게 도와주시며 각 직장에서 인정받고 사업장은 날로 발전하게 하옵소서.

 이번 이 기간이 헛되지 않고 뜻있게 하옵시고, 각자 소원하는 바가 이루어지리라 믿습니다.

 또한 바라옵기는 우리의 믿음과 신앙이 한 단계 업그레이드 되게 하시며 사회와 타협 아닌 주님 주관하여 주시옵소서.

 몸 된 교회를 위해 헌신봉사를 게을리하지 않게 하시며 건강한 믿음도 허락하옵소서.

 이 시간 말씀 선포하시는 담임 목사님 영육 간에 강건함을 더하게 하시고 목회계획에 차질이 없게 하옵소서.

 이 시간 이 자리에 모인 모두의 하는 일마다 시온의 대로같이 활짝 열리게 하여 주실 줄 믿사옵고 예수님 이름으로 기도합니다. 아멘.

2005. 12. 1. 목요일

채규녀 권사

지난밤에도 주님 품에서 푹 재워 주시고 우리의 생명을 축복 하시사 건강으로 주님의 거룩한 전으로 인도하심을 감사드립니다.

11월에도 공평과 사랑으로 인도하시고, 12월 첫날 첫 시간 주님의 사랑 받는 자들이 새벽을 깨우며 전을 가득 매웠습니다.

사람이 볼 때에도 좋은데 주님께서도 기쁨을 이기지 못하실 줄 믿습니다.

이 시간 아버지 앞에 산 예배를 드려야 하는데 아직도 내가 죽지도 깨어지지도 못하고 오만가지 죄악을 가지고 우리의 곤고한 모습 그대로 왔습니다.

주님이시여 저희를 불쌍히 보아주시고 용서하여 주시기를 간절히 기도드립니다.

이 시간 주님께서 크게 들어 쓰시는 목사님 기도로 준비하신 말씀 전해주실 때 오묘한 진리의 말씀 은혜 충만케 하시옵시며 목사님께 영육간의 건강을 주시옵소서.

또한 기도 자들이 각자의 기도 제목을 놓고 기도할 때에 주님께 열납 되기를 간절히 원하옵니다.

이 시간 우리 성도님들 주님의 깊은 뜻을 알고자 영의 문제, 육의 문제 질병을 안고 엎드렸습니다.

주님의 능력의 손길 닿는 곳에 모든 문제들이 해결 받고 질병 또한 치유될 줄 믿습니다.

우리의 영안이 열리어 하늘의 보좌를 바라보게 하시고 영의 귀가 열리어 주님의 미세한 음성을 듣는 저희들이 되게 하시기를 간절히 기도드리옵니다.

약속의 주님을 바라보며 소망 가운데 거하게 하시옵소서.

예배 마치는 시간까지 하나님 아버지 홀로 영광 받으시기를 간절히 바라오며, 부족한 죄인 거룩하신 예수님의 이름으로 기도드리옵나이다.

아멘.

2005. 12. 2. 금요일

전헌노 집사

하나님 감사합니다.

마음과 힘과 성품을 다하여 이 새벽에도 하나님 만나려고 부지런히 왔습니다.

모이게 하시고, 기도하게 하시니 감사합니다.

2005년 1월을 시작하여 12월을 맞이하고 보니 부족했던 저희들의 모습이 생각나서 이 시간 회개합니다.

원망하고 불평하며 불순종과 교만으로 가득 찼던 지난 한해 저희들의 잘못된 모든 것을 용서해 주시옵소서.

그리하여 겸손하고 낮아지며, 섬기는 저희 모두가 되게 하여 주시옵소서.

총동원 새벽기도를 통하여 말씀을 듣는 가운데 지혜를 얻게 하시고 저희들의 영육의 보약이 되게 하여 주시옵소서.

총동원 새벽기도가 마무리 단계 있습니다.

그동안 기도한 내용을 기억해주시고, 간증의 소리가 많아지게 하옵소서.

주일부터 시작될 청지기 부흥성회를 축복하시며 오시는 강사님을 통하여 우리가 어떻게 직분을 감당해야 하는지 큰 은혜 받게 하옵소서.

작정기도 하면 소원 성취한다는 말씀 강론하실 때 우리 모두가 도전을 받는 시간이 되게 하옵소서.

목사님의 영육을 축복하시며 날마다 새 능력을 충만히 채워주시며 사역의 지경도 넓혀 주시옵소서.

이 새벽에도 저희들의 간절한 기도를 응답해 주시는 하나님께 감사드리며 예수님의 이름으로 기도합니다.

아멘.

2005. 12. 5. 월요일

김건영 집사

좋으신 하나님 감사합니다.

우리에게 복 주시려고 특별새벽기도회를 열게 하시고, 73가지의 기도 제목을 가지고 73명의 기도자와 합심하여 기도하게 하신 하나님 감사합니다.

이 기도 제목들이 다 이루어져서 감사함을 하나님께 간증하는 날이 다 오게 하여 주시옵소서.

사랑의 하나님!

2005년도를 마무리하는 12월 장위제일교회 직분을 맡은 청지기들이 이렇게 특별 성회를 허락하여 주심을 감사합니다.

삼일간의 집회 시간 시간 하나님께서 함께하여 주시어서 주시는 말씀 순종함으로 2006년에도 많은 결실을 맺게 하여 주시옵소서.

보내주실 강사 목사님 영육 간에 강건함을 주시어서 우리 장위제일교회 청지기들에게 유익한 말씀만 전하시게 하여 주시옵소서.

담임목사님을 위해 기도합니다.

두 주간 새벽기도학교를 인도하시고 청지기 세미나를 준비하신 목사님 기도하시고 준비하신 모든 일들 성령님 함께 하시어서 다 이루어 주시옵소서.

이 새벽에도 새벽기도에 참예하기 위해 먼 거리에서 오신 성도님들 그 발걸음이 헛되지 않게 기도하신 모든 제목들이 다 이루어짐을 받게 하여주시옵소서.

구하지 못한 모든 기도들도 다 이루어주실 줄 믿사옵고 예수님의 이름으로 기도하옵나이다.

아멘.

제24차 총동원 새벽기도학교에 "귀하를 초대합니다."

『27년간 한 번도 빠짐없이 계속되어온』

♣ 주제:「사랑하기 위해 살겠습니다」(요 21:17)

강사

담임목사 **김 기 원**

(사)한국기독교문화예술연합회회장
성북교직자연합회 및 목회연구회 명예회장
(월간)코스모스문예이사장
(예장)총회군선교회서울북부지회장
국내외 집회8()여회/27개국선교집회
저서 약 75권 이상 출판 외
근간 성경 핵심 강해 25권 등.

하나님이 우리를 사랑 하십니다.
그리고 서로 사랑하며 살라고 본을 보여 주시고 가르치시고 명령하셨습니다.
이제 또 다시 주님과의 특별한 만남의 기간을 준비했습니다. 보이는 육체가 보이지
않는 하나님을 만나고, 주님과의 깊은 교제는 말씀과 기도 밖에 없기에,
  우리는 모이는 것입니다.
  우리는 기도하는 것입니다.
  우리는 주님의 말씀에 귀를 기울이는 것입니다.
피곤함도, 아픔도, 늙음도, 젊음도, 이 길만이 행복의 길이기에, 소망의 길이기에,
축복의 길이기에, 계속되는 것입니다. 기도를 즐기는 것입니다.
기회는 항상 오는 것 아닙니다. 25차는 아직은 내 날이 아닙니다.
모입시다. 만납시다. 구합시다. 모이면 능력 받습니다. 만나면 행복 합니다.
들으면 깨닫습니다. 구하면 해결됩니다.
  이번 기회는 하나님이 나와 내 가정을 위해 준비하신 기회입니다.
할렐루야!

장 위 제 일 교 회
담임목사 김 기 원

2006. 4. 2 (주일) ~ **4. 17** (월) **16일간**
장위제일교회 본당(2층) ☎ **942-6881~2**

♣ 대상 : 본 교회 교우 및 누구든지
♣ 강사 : 김 기 원 목사

♣ 새벽기도학교 말씀강론 ♣

일	날 짜	본 문	제 목
제 1일	4/2(주일)	요 21:15-20	주님이 내게 묻는말 "네가 나를 사랑하느냐"
제 2일	4/3(월)	요일 4:7-11	사랑의 아버지 하나님
제 3일	4/4(화)	롬 5:6-8, 엡 5:2	사랑의 구세주 예수
제 4일	4/5(수)	사 61:1-3	사랑의 영 성령
제 5일	4/6(목)	행 1:16, 고전 1:18	복음의 능력은 사랑이다
제 6일	4/7(금)	요일 3:16, 요 3:16	십자가 내용은 사랑이다
제7,8일	4/8,9(토,주일)	신 10:12	최고의 신앙은 사랑이다
제 9일	4/10(월)	갈 5:22	최고의 인격은 사랑이다
제10일	4/11(화)	롬 13:10	심판의 기준은 사랑이다
제11일	4/12(수)	시 89:15-18	최고의 행복은 사랑이다
제12일	4/13(목)	롬 5:1-8	성령충만은 사랑충만이다
제13일	4/14(금)	롬 8:35-39	능력충만은 사랑충만이다
제14,15일	4/15,16(토,주일)	부활절 연합 예배 - 동덕여대 강당	
제16일	4/17(월)	행 20:24, 막 16:15	예수사랑, 생명사랑

대한예수교
장 로 회 장위제일교회
CHANGWI FIRST PRESBYTERIAN CHURCH

136-831 서울특별시 성북구 장위3동 79-12
교회 942-6881~2 목양실 943-9041 FAX:942-6883
E-mail: Changwi2000@Yahoo.co.kr

제 24 차
총동원 새벽기도학교

♣ **주제 : 사랑하기 위해 살겠습니다(요한복음 21:17)**

기간 : 2006년 4월 2일(주일) - 4월 17일(월)

제 1 일 (2006. 4. 2 주일)

주님이 내게 묻는 말 "네가 나를 사랑하느냐?"

(요 21:15-20)

하나님은 사랑이십니다.

하나님은 우리를 사랑하십니다.

하나님의 구원 계획은 사랑에서 나온 거룩한 은혜의 계획입니다.

예수님의 삶과 죽음은 사랑입니다.

죄악으로 영적 감성이 죽고 마비된 인간들에게 육으로 볼 수 있게 보여주신 사랑입니다.

성령은 사랑의 영입니다.

성령의 역사는 사랑의 역사요, 성령 충만은 사랑 충만입니다.

사랑이 없으면 속입니다.

사랑이 없으면 시기합니다.

사랑이 없으면 미움이 생깁니다.

사랑 없는 예배는 예배가 아닙니다.

사랑 없는 충성은 충성이 아닙니다.

사랑 없는 교제는 성도의 교제가 아닙니다.

사랑은 율법이요,

사랑은 생명이요,

사랑은 기독교의 본질입니다.

십자가는 사랑의 절정입니다.

하나님과 우리와의 관계는 사랑입니다.

사랑이 복입니다.

주님은 왕이요, 우리는 백성입니다.

우리는 사랑 때문에 하늘 백성이 되었습니다.

하나님은 아버지요, 우리는 그의 자녀입니다. 사랑의 관계입니다.

예수님은 스승이요, 우리는 제자입니다. 사랑의 관계입니다.

예수님은 신랑이요, 우리는 신부입니다. 사랑의 관계입니다.

시몬 베드로에게 물었던 질문

"요한의 아들 시몬아 네가 나를 사랑하느냐?"

이 새벽에 우리에게 묻습니다. "네가 나를 사랑하느냐?"

주님을 사랑하는 증거가 사도는 양들을 먹이는 것입니다.

어린 양들을 먹이는 것입니다. 양들을 치는 것입니다.

직분다운 직분, 성도다운 성도로 훈련시키는 것입니다.

성도들이 주님을 사랑하는 증거는 주님이 보내신 자를 사랑하는 것입니다.

주님의 사역에 동참하는 것입니다.

보이는 성도들을 사랑하는 것입니다.

에베소 교회는 인내도 있었습니다. 에베소 교회는 열심도 있었습니다.

핍박도 잘 견디었습니다. 이단의 유혹도 잘 물리쳤습니다.

그러나 처음 사랑을 버렸기에 촛대를 옮기겠다고 경고했습니다.

사랑이 회복되지 아니함으로 결국은 촛대를 옮겼습니다.

촛대 옮긴 교회, 웅장한 건물도 역사적 증거는 되어도 생명 살리는 역사는 없습니다. 거대한 조직도 생명의 지체 조직이 못됩니다.

서로의 교제도 상품성 교제이지 인격과 생명의 교제는 못됩니다.

우리의 언어에 사랑이 있습니까?

우리의 행동에 사랑이 있습니까?

사랑을 실천하지 못한 괴로움과 갈등이 있습니까?

욕 얻어먹는 것을 두려워하지 않는 자는 없습니까?

함부로 내 기준으로 평가하고, 정죄하지는 아니합니까?

사랑은 증거가 있습니다.

나를 사랑하거든 내 양을 먹이라고 사랑의 방법까지, 사랑의 증거를 보여주는 삶을 가르쳐 주셨습니다.

당신 때문에 가슴 아파하며, 일하기 싫은 마음이 나며, 시험 드는 일은 없습니까?

차가운 가슴으로 살아가고 있지 않습니까?

사랑이 없으면 모든 것이 힘듭니다.

맛있는 신앙생활이 불가능합니다.

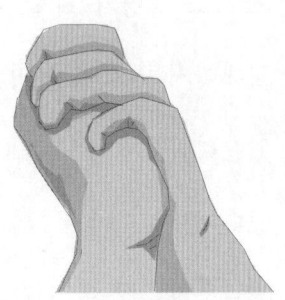

제 2 일 (2006. 4. 3 월)

사랑의 하나님

(요일 4:7-11)

하나님을 모르면 참 사랑을 모릅니다.

참사랑을 모르면 구원의 확신도, 진정한 믿음도 불가능합니다.

참사랑을 모르면 하나님을 안다고 하는 것은 거짓말입니다.

하나님은 사랑이십니다.

1. 사랑하는 자들아! (7)

하나님의 사랑을 입은 자들아!

내가(사도 요한) 사랑하는 자들아! 라는 의미도 됩니다.

사랑을 입은 자라야 사랑을 압니다.

사랑을 입은 자라야 사랑을 할 수 있습니다.

사랑을 실천하는 자라야 하나님을 안다는 증거입니다.

사랑을 실천하는 자라야 하나님의 사랑을 입은 자의 삶을 드러내는 것입니다.

사랑은 증거가 있습니다. 사랑은 열매가 있습니다.

2. 사랑은 여기 있으니(10)

사랑의 출처를 말합니다.

사랑의 수고를 말합니다.

사랑의 역사를 말합니다.

사랑의 희생을 말합니다.

그 사랑이 독생자를 주신 사랑입니다. 죄를 용서해 주신 사랑입니다.

십자가 희생은 화목제물이 되신 사랑입니다.

사랑 없는 화목은 있을 수 없습니다.

사랑 없는 희생은 있을 수 없습니다.

십자가 죽음은 자살이 아닙니다.

사형사고도 아닙니다. 뒤집어 씌운 죄인이 되었습니다.

죄인을 대신하는 죄입니다.

3. 우리도 서로 사랑하는 것이 마땅하도다(11)

서로 사랑은 화목입니다.

서로 사랑은 사랑의 삶입니다.

서로 사랑은 이기주의 사랑이 아닙니다.

서로 사랑은 이해가 따릅니다.

서로 사랑은 용서가 따릅니다.

서로 사랑은 희생이 따릅니다.

섬김이 따릅니다. 협력이 따릅니다.

이기주의 사랑은 하나님의 사랑이 아닙니다.

개인주의 사랑은 하나님의 사랑이 아닙니다.

유물주의 사랑은 하나님의 사랑이 아닙니다.

사단의 속성에는 사랑이 없습니다.

사단의 역사에는 사랑이 없습니다.

미움과 시기, 욕심, 질투, 거짓, 속임은 모두 사단의 속성입니다.

하나님의 사랑을 입은 자는 사랑입니다.

하나님의 사랑을 아는 자는 사랑입니다.

믿음의 열매는 사랑입니다.

소망의 근거도 사랑입니다.

사명에 대한 충성도 사랑입니다.

심판의 기준도 사랑입니다.

상급의 기준도 사랑의 열매입니다.

사랑의 아버지, 하나님의 자녀는 사랑의 자녀가 됩니다.

사랑이 보이면 축복이 보입니다.

사랑이 보이면 행복이 보입니다.

사랑이 보이면 교회가 보입니다.

사랑이 보이면 하나님이 보입니다.

참사랑의 눈을 뜬 자가 영안이 뜨인 자입니다.

사랑 없이 믿음 좋은 척하는 것이 믿음 사기꾼들의 특징입니다.

사랑 없는 자들이 영적 사기꾼들이 되는 것입니다.

미워하면서 미움의 대상을 만들면서 미움의 폭을 넓히면서 미움의 히스토리만 만들면서 살아가는 자들이 회개할 때 가정은 천국이 됩니다.

교회도 천국이 됩니다.

나라도 복된 나라가 됩니다.

하나님은 사랑의 아버지이십니다.

제3일 (2006. 4. 4 화)

사랑의 구세주 예수

(롬 5:6-8, 엡 5:2)

우리 중에는 지난 주간 사랑의 사도인 요한의 제자 폴리갑 감독의 기념교회와 사도 요한의 기념교회, 그리고 밧모섬(발트모스)에 요한이 계시 받은 계시동굴교회를 방문했습니다.

86세에 순교하면서까지 신앙을 버리지 아니한 폴리갑 감독이나 나이 100세에 40시간 배를 타고 풍랑에 시달리며 유배되어 밧모섬에서 너무 연로하셔서 누워서 기도하며 신앙을 지킨 사도 요한이나 모두 저들은 주님의 사랑을 깨닫고, 감사하여 신앙을 지킨 자들이었음을 다시 한 번 되새기는 시간이었습니다. 정말 가슴이 뭉클하지 아니할 수 없었습니다.

다시 강조합니다만 예수님의 사랑은 예수님의 사랑의 십자가는 나의 생명과 나의 영원한 행복과 불가분리의 관계가 있는 것입니다.

하나님이 우리를 사랑하사 독생자를 주셨습니다.

예수님의 오심과 사역, 그리고 죽으심은 모두 자기 백성을 사랑하사 구원하시기 위한 것이었습니다.

본문 로마서 5장 8절 "우리가 아직 죄인 되었을 때 그리스도께서 우리를 위하여 죽으심으로 하나님께서 우리에게 대한 자기의 사랑을 확증하셨느니라"고 했습니다. 예수님은 사랑의 증거로 사람의 몸을 입으셨습니다.

십자가는 사랑입니다. 사랑의 증거입니다. 증거가 없는 사랑은 사랑이 아닙니다.

사랑이 보이지 아니하지만, 그 증거는 보이는 것입니다.

예수님은 죄인을 사랑하셨습니다. 그래서 일을 하셨습니다.

수고하고 무거운 짐진 자들을 위하여, 죄인들을 위하여, 병든 자들을 위하여, 무지한 인간들을 위하여 임하셨습니다.

불쌍히 여기셨습니다. 고난에 동참하는 사랑의 감정입니다.

예수님의 제자는, 주님의 몸된 교회는 사랑 사역이 계속되어야 합니다. 그 사랑 사역이 예수 그리스도의 사랑을 전하는 것입니다.

예수 그리스도의 사랑을 깨닫고 누리게 하는 것입니다.

복음의 역사, 복음의 내용은 사랑이요, 사랑의 역사입니다.

십자가 정신은 사랑이요, 십자가 열매도 사랑이요, 사랑의 열매가 구원입니다.

강도 만난 자의 이웃이 되어준 사마리아인은 바로 예수님의 사랑사역, 섬김사역, 돌봄의 사역을 의미하는 것입니다.

그리고 우리에게 교훈하셨습니다. "가서 너도 이와 같이 하라"고 했습니다.

신앙생활의 모순 중의 모순이 무엇입니까?

기독교의 본질을 왜곡시키는 자들이 누구입니까?

바리새인들 같은 자들입니다. 불신자가 아닙니다.

기도 많이 하면서 사랑실천은 없는 생활.

성경 많이 읽으면서 사랑실천은 없는 생활.

교회 열심히 다니면서 사랑실천은 없는 생활.

만나는 자마다, 결국은 미움의 대상이 되어버리는 삶.

심지어 사랑하려고 노력하기보다 미워하려고 노력하는 자들.

얼굴은 광명한 천사의 얼굴로 가장하고, 심장은 사단의 심장을 가진 자들, 회개해야 합니다. 고쳐야 합니다.

주님의 책망이 없다면, 주님의 채찍이 없다면, 버린 자들입니다.

아직은 속단하기 어렵습니다. 기회를 주고 있기 때문입니다.

주님이 참고 기다리기 때문입니다.

책망 받은 소아시아 교회 중 주님의 공통점은 지금이라도 회개하면 용서하시겠다는 것입니다.

기회를 주고 기다리고 계시는 주님이십니다.

그러나 그 기다림은 영원하지는 않습니다.

어떤 경우는 우리의 판단으로는 조금 기다리신 것 같아도 주님 편에서는 지루하도록 기다리신 경우도 있을 것입니다.

이 새벽이 기회입니다. 회개해야 됩니다.

저도 회개하고, 우리 모두 회개해야 됩니다.

노력했는데도 안되어졌다고요, 천만의 말씀입니다.

노력하면 내 힘으로는 약해도 주님이 도와주십니다.

성령님이 도와주십니다.

기회는 항상 있는 것이 아닙니다.

주님이 주시는 기회입니다.

제 4 일 (2006. 4. 5 수)

사랑의 영 성령

(사 61:1-3)

성령의 속성은 사랑입니다.

성령은 하나님의 자녀들에게 임하는 신이십니다.

성령은 우리를 하나님께 영광 돌리는 자녀로 살도록 인도하시고, 지혜를 주시고, 힘을 주십니다.

1. 성령의 임재 없이는 거듭남이 없습니다(요 3:3)

물과 성령으로 거듭나야 된다고 하셨습니다.

성령은 말씀을 통해 역사하시고, 말씀은 성령을 통해 역사하십니다.

성령은 사람을 다시 태어나게 하는 역사를 합니다.

2. 성령의 능력 없이는 사명자가 될 수 없습니다(행 1:8)

사명자는 성령의 능력 받아 가르치고, 고치고, 전파하는 일을 해야 됩니다.

그리고 모든 행위가 생명을 사랑하는 데에서 이루어져야 합니다(사 61:1-2).

성령의 능력은 사랑의 능력입니다.

병든 자, 가난한 자, 마음이 상한 자, 포로된 자, 갇힌 자, 슬픈 자를 위로해야 합니다.

자유를 주어야 합니다. 이것이 성령의 능력받은 자의 영혼사랑, 사람 사랑 사역입니다.

3. 성령 받은 증거는 하나님 영광 드러내는 삶을 살게 됩니다(사 61:3)

죄를 깨닫게 함으로, 회개케 합니다.

성령을 통해 하나님의 말씀을 생각나게 하시고, 자신의 정체를 보게 합니다.

성령이 역사하지 아니하면 귀가 있어도 듣지 못하고, 눈이 있어도 보지 못합니다.

성령은 하나님의 사랑을 깨닫게 하고, 예수 그리스도의 사랑을 깨닫게 합니다.

깨끗한 영이시고, 사랑의 영이시며, 선한 능력이신 성령님이 임할 때 우리의 삶이 깨끗해지고, 자비 사역에 열심을 다하며, 죄와, 세상과 마귀를 이길 수 있는 능력이 생기게 됩니다.

그러므로 인해 하나님을 기쁘시게 하고, 영광돌리게 됩니다.

---

4. 나는 누구인가?

성령을 받지 않고는 성령을 모릅니다.

사랑받는 체험이 없는 자는 사랑을 할 줄도 모릅니다.

가장 비극적인 착각은 성령을 받지 않고 성령받은 줄 아는, 즉 자신이 자신에게 속고 있는 것입니다.

마치 주책부리고 있는 자가 자신이 주책부리고 있음을 모르듯이, 성령을 받지 않고, 성령 받았다는 착각 속에 살 수도 있다는 것입니다.

성령 받은 증거가, 성령은 사랑의 영이기에 사랑의 속성으로 거듭난다는 것입니다.

빛의 영이요, 진리의 영이기에, 빛으로 진리로 인도함을 받는 것입니다.

깨끗한 영이기에 더러운 것이 분명하게 구별된다는 것입니다.

아직은 더러운 속성의 지배 속에 살고 있지는 않습니까?

아직도 사악한 생각과 행동의 종에서 벗어나지 못하고 있지 않습니까?

성령의 열매는 없으면서 자신에게 속고 있지는 않습니까?

소경이 자신을 보지 못하기 때문에 아무것도 볼 수 없듯이, 영적인 소경 상태에 있지 않습니까?

성령은 사랑의 영이십니다.

성령 받은 초대교회는 사랑의 열매가 풍성했습니다.

사명은 생명사랑입니다.

제5일 (2006. 4. 6, 목)

복음의 능력은 사랑이다.

(행 1:18, 고전 1:18, 롬 1:18)

세상에는 두 가지 힘이 있습니다. 악한 힘과 선한 힘입니다.

악한 힘은 마귀로부터 오는 힘이며, 생명과 복을 파괴하는 힘입니다.

선한 힘은 하나님께로부터 오며 생명과 복을 주는 힘입니다.

지식이 악용될 때 악한 힘을 발휘합니다.

물질이 악용될 때 악한 힘을 발휘합니다.

권력이 악용될 때 그에 따르는 악한 힘은 대단합니다.

그러나 지식이 선용될 때 선한 힘을 발휘합니다.

물질이 선용될 때 선한 힘을 발휘합니다.

권력이 선용될 때 선한 힘을 발휘합니다.

조직이 선용될 때 선한 힘을 발휘합니다.

마귀로부터 오는 미움의 능력을 이기는 힘은 하나님으로부터 오는 복음의 능력입니다. 이 복음의 능력이 바로 거룩한 사랑의 능력입니다.

여호와의 신이 떠난 사울의 미움의 능력을, 여호와의 신이 함께 하시는 다윗의 사랑의 능력으로 승리했습니다.

1. 복음의 능력은 영혼 구원의 능력입니다.

누구든지 주의 이름을 부르는 자는 구원을 얻습니다. 그 구원의 능력은 예수 그리스도의 사랑에서 온 것입니다. 복음의 능력은 사랑입니다.

예수 그리스도는 나타나신 사랑입니다. 사랑의 능력없이 영혼 구원 역사는 일어나지 않습니다. 영혼을 뜨겁게 사랑하는 마음에서 전도해야 됩니다.

영혼을 뜨겁게 사랑하는 마음으로 가르쳐야 합니다. 사랑이 없는 중보기도는 아무런 응답도 나타나지 않습니다.

예수님이 병자를 고칠 때마다 "불쌍히 여기사"라는 표현이 나옵니다.

불쌍히 여기시는 것이 사랑입니다.

2. 복음의 능력이 하나님의 능력입니다.

복음은 하나님의 말씀입니다.

하나님의 말씀은 살았고 운동력이 있습니다.

하나님의 말씀 앞에 회개와, 통회 자복이 없는 자는 말씀이 역사하지 않는 증거입니다.

말씀의 능력 앞에는 그 누구도 강퍅할 수가 없습니다. 모든 문제는 말씀이 역사하지 않기 때문입니다.

3천명이 일시에 회개하는 역사가 일어나도, 아나니아와 삽비라의 가슴에는 말씀이 역사하지 아니했습니다.

말씀이 역사하지 않는 가슴에, 인간의 노력이나, 설득, 호소가 먹혀 들어가지 않습니다.

우리는 하나님의 능력이 내 삶을 이끌도록 해야 합니다.

3. 우리에게 복음의 능력인 사랑의 능력이 있습니까?

우리의 언어에서

우리의 삶에서

우리의 교제에서

우리의 인격에서 사랑의 능력이 있습니까?

사랑의 능력은 남을 해치지 않습니다.

사랑의 능력은 남을 속이지 않습니다.

사랑의 능력은 섬기는 능력입니다.

사랑의 능력은 화목의 능력입니다.

사랑의 능력은 희생의 능력입니다.

칼을 쓰는 힘은 칼로 망하지만, 사랑의 능력은 패배하는 것 같아도 패배하지 않습니다. 손해 보는 것 같아도, 손해 보지 않습니다.

망할 것 같아도 망하지 않습니다.

우리에게 사랑의 능력이 있습니까?

자기밖에 모르는 이기주의의 삶 속에는 사랑의 능력이 나타나지 않습니다.

현실밖에 모르는 현실주의는 사랑의 능력이 나타나지 않습니다.

보이는 것밖에 모르는 육체주의는 사랑의 능력이 나타나지 않습니다.

사랑은 영원하지만 욕심은 멸망입니다.

소망의 문은 절대로 열리지 아니합니다.

여러분의 가정에 사랑의 능력이 나타난다면,

우리 교회에 사랑의 능력만 나타난다면,

한국 교회에 사랑의 능력만 나타난다면 이 땅 복음화됩니다.

축복의 땅 됩니다. 축복의 가정 됩니다. 축복의 교회 됩니다.

축복의 전통이 이어집니다.

은혜 받았다고 하면서 사랑 실천이 없는 삶, 더 이상 위선자, 영적 사기꾼의 라인에서 탈출해야 합니다.

사랑의 능력은 온유입니다.

사랑의 능력은 겸손입니다.

사랑의 능력은 사랑 실천입니다.

사랑이 세상을 이깁니다.

사랑이 죄악을 이깁니다.

사랑이 마귀를 이깁니다.

복음의 능력은 사랑입니다.

제6일 (2006. 4. 7 금)

십자가의 내용은 사랑이다.

(요일 3:16, 요 3:16)

십자가는 사랑입니다.

십자가를 안다는 것은 십자가를 통하여 나타난 사랑을 아는 것입니다.

십자가를 보면서, 십자가를 걸고 다니면서 십자가를 말하면서 십자가의 내용을 모른다면 정말 아이러니컬한 것입니다.

1. 십자가 사랑은 목숨을 버리신 사랑입니다.

목숨을 빼앗긴 것이 아닙니다.

스스로 버리셨습니다.

스스로 희생하셨습니다.

기독교의 변질과 무능과 부패는 십자가 사랑을 잃어버린데서부터 오는 것입니다.

교회는 희생모임입니다.

교회는 희생조직입니다.

희생 없는 모임에는 하나님이 함께하지 않습니다.

희생 없는 예배는 하나님이 받으시지 아니합니다.

희생이 없는 조직은 무너집니다. 무능한 조직이 됩니다.

희생 없는 조직은 아무리 방대해도, 아무런 역사가 없습니다.

기독교는 주는 종교입니다.

시간 주고, 땀 주고, 물질 주고, 돌보아 주고, 상처를 치료해 주고, 위로해 주고, 협력해 주고, 주는 종교입니다.

주는 사랑이 십자가 사랑입니다.

2. 형제를 위하여 무엇을 했습니까?

형제의 기억 속에 지워지지 않는 사랑이 있습니까?

상처 입은 가슴을 안고, 가슴 쓰라린 나날을 보내다, 아물지 않는 상처가 되어있지 않습니까?

나는 우리 노회 어느 목사님의 은퇴식에 참석하여 그 은퇴식에서까지 상처 입은 가슴을 회고하면서, 그 상처를 치료해 준 성도들의 사랑을 감사하는 양면성의 은퇴인사를 들은 기억이 아직도 생생합니다.

시골교회를 목회하는 저의 동기는 상처 입은 가슴을 부둥켜안고 괴로워하다가 인생의 전성기에 심장마비로 죽었습니다.

은평구에 어떤 목사님의 경우는 어느 지역 사람이 많은 교회는 절대 목회하지 말라는 말이 아들 목사에게 준 유언이었습니다.

회개해야 합니다.

가시로 찌른 사람은 아프지 않습니다. 찔린 자만 아플 뿐입니다.

사단은 찔러놓고 괴로워하는 모습을 보고 쾌감을 느낍니다.

그것이 사단의 속성입니다.

회개해야 됩니다.

형식적인 회개는 하나님께는 통하지 않습니다.

1대 1로 잘못한 것은 1대 1로 회개하면 되지만, 공개적으로 잘못한 것은 공개적으로 회개해야 됩니다. 그렇게 하지 아니하면, 하나님의 손으로 넘어갑니다.

그렇게 위대한 사도 바울도 구리장색 알렉산더 때문에 복음에 방해 받았던 일을 실토하며 여러 선고의 동역자들을 일일이 총망라하고 있습니다.

그렇게 위대한 사도 요한도 감투 좋아하는 디오드레베 때문에 마음의 상처받은 사실을 편지에 써서 말하고 있습니다.

형제를 위해 무엇을 했습니까?

3. 우리의 삶의 역사, 삶의 내용을 사랑으로 채웁니다.

그것이 십자가 지고 주님의 발자취를 따르는 것입니다.

십자가 지고 나를 따르는 자가 주님께 합당하다는 의미가 무엇입니까?

십자가의 길은 쉬운 길이 아닙니다.

자기희생 없이 십자가를 질 수 없습니다.

내 정욕과 모든 것 십자가에 못 박지 않고는 십자가의 길을 따를 수 없습니다.

십자가 내용은 욕심이 아닙니다.

미움이 아닙니다.

피하고, 도망가는 것 아닙니다.

그러나 영광이 기약된 길입니다.

영원한 축복이 보장된 길입니다.

제7, 8일 (2006. 4. 8~9 토, 주일)

최고의 신앙은 사랑이다

(신 10:12)

사랑을 모르면 기독교를 모릅니다.

사랑을 모르면 인생을 모릅니다.

사랑을 모르면 가정을 모릅니다.

사랑을 모르면 교회를 모릅니다.

사랑을 모르면 행복을 모릅니다.

사랑을 모르면 축복을 모릅니다.

사랑을 모르면 기적을 모릅니다.

「하나님이 보시기에 좋았더라, 하나님이 보시기에 심히 좋았더라」는 것은 피조물에 대한 단순한 느낌이나 평가가 아니라, 기쁨과 즐거움, 그리고 애정에서 우러나오는 사랑의 표현인 것입니다.

하나님은 사랑의 원천이자 성취이십니다.

하나님의 창조 이야기, 구원의 드라마, 천국생활의 내용은 모두 사랑 이야기입니다.

하나님의 사랑을 떠나서는 흑암과 공허와 혼돈만이 있을 것입니다.

그러므로 최고의 신앙은 사랑입니다.

사랑이 깨어지면 비극이 시작됩니다.

사랑이 깨어지면 신앙이 깨어집니다.

사랑이 깨어지면 교회가 깨어집니다.

사랑이 깨어지면 가정이 깨어집니다.

예수님의 인격화된 사랑이야기를 모르고서는 신앙의 경지에 들어갈 수가 없는 법입니다.

사랑이 보여야 믿음이 보이고, 사랑이 모여야 열매가 보입니다.

우리가 "하나님을 압니다"하면서, "하나님의 사랑은 모릅니다"라고 한다든지, "하나님의 사랑을 압니다" 그러나 "하나님을 믿지는 않습니다"라는 말은 있을 수 없습니다.

마찬가지로 사랑은 모르지만, 사랑은 없지만, 사랑은 관심 없지만 "믿습니다. 믿음은 좋습니다"라는 말은, 정말 주님이 매스껍고 가증스럽게 보실 것입니다.

요한복음 17장 3절에 보면 "영생은 곧 유일하신 참 하나님과 그가 보내신 자 예수 그리스도를 아는 것이니이다"라고 했습니다. 모든 변화, 발전, 축복, 기적은 그리스도의 사랑과 이웃과의 사랑에서 오는 것입니다.

그리고 사랑은 두려움을 이깁니다.

새벽 미명에 선착순으로 예수님의 무덤으로 달려간 마리아, 십자가 밑에까지 따라온 여인들, 예수님의 시체를 달라고 한 아리마대 요셉, 모두 주님께 향한 사랑이 두려움을 이기게 한 것입니다.

탕자가 돌아온 것도 아버지의 사랑을 믿었기 때문입니다.

사랑은 기독교 영성의 시금석입니다.

우리가 더욱 더 사랑하는 과정이 진정한 회개입니다.

그리고 그것이 하나님 닮아가는 것입니다.

사랑 없이 어떻게 이웃을 위해 자신의 삶을 희생할 수 있겠습니까?

사랑 없이 어떻게 용서가 가능하며, 이해가 가능하며, 양보가 가능하겠습니까?

신앙과 인격은 사랑 안에서 성숙해지고, 사랑이 우리의 삶을 결합시켜주는 것입니다. 우리의 심리의 가장 중요한 기준과 건강은 사회적 관심과 사랑인 것입니다.

사랑은 인간의 조건입니다.

즉, 사랑이 없으면 인간일 수 있는 조건이 상실된 것입니다. 마네킹에 아무리 공손히 인사하는 전자장치를 하고, 가장 정감이 넘치는 인사말이 나온다고 할지라도 거기에는 생명과 사랑이 없기에 어디까지나 마네킹이지, 인간일 수 없는 것입니다.

명예나 직분이 하나님의 자녀 또는 신자인 증거가 아니라, 사랑의 증거입니다.

우리는 사랑 가운데 뿌리가 박히고 터가 굳어지며(엡 3:17), 사랑 가운데 서로 용납하며(엡 4:2), 사랑 안에서 참된 것을 말하며(엡 4:15), 사랑 안에서 세워주고, 행하고, 연합하며(엡 4:16, 엡 5:2, 골 2:2), 자기를 지키며 (유 1:21), 칠년을 수일처럼 지내는(창 29:20) 삶이 되며, 평생을 즐겁게 신앙생활 하시기를 바랍니다(전 9:9).

제9일(2006. 4. 10 월)

최고의 인격은 사랑이다

(갈 5:2)

사랑이 없는 인격을 한번 생각해 봅시다.

생각만 해도 아니 생각도 하기 싫은 인간이 아닐 수 없습니다. 지식이 있고, 건강이 있고, 재물이 있고, 온갖 것이 다 있다고 할지라도 사랑이 없다면 인간 자체가 성립될 수 없는 것입니다. 사랑이 없으면 인격 형성이 불가능합니다.

사랑이 적어도 문제가 되는데, 없다면 심각한 인간이 아닐 수 없습니다. 그래서 잠언 15장 17절에 "여간 채소를 먹으며 사랑하는 것이 살진 소를 먹으며 서로 미워하는 것 보다 나으니라"고 했습니다.

그러므로 사랑의 하나님이 우리에게 요구하는 최고의 것이 사랑인 것입니다(막 12:33).

사랑은 율법의 완성이며(롬 13:8), 사랑은 방언보다 나으며(고전 13:1), 사랑은 예언과 믿음보다 나으며(고전 13:2), 사랑은 구제와 희생보다 낫다고 했습니다(고전 13:3).

그러나 명심할 것이 있습니다. 그것은 그리스도의 사랑을 깨닫지 못한 자는 참사랑을 할 수가 없습니다. 이성간의 사랑이나, 우성이나, 인간적인 수준의 사랑은 가능하나, 참사랑이신 그리스도께서 우리를 사랑하신 희생적인 사랑은 불가능하다는 것입니다.

이것은 정신적인 사랑보다 더 진한 영적인 사랑이요, 하나님의 사랑을 본받는 사랑입니다.

요한복음 15장 12절에 "내 계명은 곧 내가 너희를 사랑한 것 같이 저희도 서로 사랑하라 하는 이것이니라"고 했습니다.

요한일서 3장 16절에는 "그가(예수 그리스도) 우리를 위하여 목숨을 버리셨으니 우리가 이로써 사랑을 알고 우리도 형제들을 위하여 목숨을 버리는 것이 마땅하니라"고 했습니다.

그러므로 참된 인격은 믿음 안에서, 주 안에서, 즉 물과 성령으로 거듭나서 성숙된 자에게만 가능한 것입니다.

그리스도인은 사랑 가운데 서로 용납하며 살아야 합니다(엡 4:2).

사랑 안에서 참된 것을 말해야 합니다(엡 4:15).

사랑 안에서 연합해야 합니다(골 2:2).

사랑 안에서 자기를 지켜야 합니다(유1:21).

모든 일을 사랑으로 행해야 합니다(고전 16:14).

사랑이 인격의 중심이 되지 못하는 이유는 돈을 사랑하기 때문입니다(딤전 6:10).

돈은 육체의 보존을 위해 필요한 물질이지, 사랑의 대상은 아닌 것입니다.

잘못된 이념을 사람보다 더 사랑할 때 사랑의 인격이 될 수가 없습니다.

공산주의는 이념을 사람보다, 심지어 가족보다, 종교보다(종교는 없지만) 더 절대적으로 생각하기 때문에 생명이 물질보다 더 가치가 없고, 이념보존을 위해 수백, 수천 만 명까지 죽였던 것입니다.

세상 향락이나 명예, 권력을 사람보다 더 사랑할 때 사랑의 인격이 될 수가 없는 것입니다.

사도 요한은 감투 좋아하는 디오드레베 때문에 그의 목양에 너무나 스트레스를 많이 받았다고 고백하고 있습니다.

비극의 시작이 깨어진 사랑에서 시작되듯이, 행복의 시작은 사랑이 싹트고 열매 맺을 때 가능한 것입니다.

사랑은 최고의 인격입니다.

아무리 달콤한 사랑의 언어가 좋아도 사랑 자체는 아닙니다(요일 3: 18).

그 어떤 능력이나 은사를 받았다 할지라도, 그것이 사랑의 인격에서 실천되지 아니한다면 하나님께 받은 능력이나 은사는 아닌 것입니다.

우리의 신앙은 기계적이 아니라, 사랑의 인격에서 나오는 반응이어야 하는 것입니다.

사람의 존재 이유, 그리스도인의 존재이유, 그리고 사명의 동기, 순종 모두 사랑입니다.

고린도전서 13장은 사랑의 본성을 설명하고 있고, 갈라디아서 5장 22절은 사랑의 영이신 성령의 열매를 말하고 있습니다.

성령의 열매는 모두 사랑입니다.

세상 끝까지 영원한 것은 사랑입니다.

사람의 생명이 피에 있듯이 피가 모자라도 문제요, 피가 돌지 아니해도 생명을 유지하거나, 건강을 유지할 수 없듯이, 그리고 깨끗지 못한 피가 병을 일으키듯이,

사랑이 없으면 죽음보다 못한 삶이요,

사랑이 모자라도 문제가 되며,

사랑이 흐르지 아니하면 인생이 병들고,

깨끗지 못한 사랑은 불행과 파멸을 가져옵니다.

나의 인격은 사랑이 주관하고 있습니까?

제10일(2006. 4. 11 화)

심판의 기준은 사랑이다

(롬 13:10)

사랑은 율법의 완성입니다.

그러므로 하나님의 공의로운 심판의 기준은 하나님을 얼마나 사랑했느냐? 이웃을 얼마나 사랑했느냐가 될 것입니다.

예수님의 양과 염소 비유 중에 심판의 기준이 얼마나 사랑을 실천하며 살았느냐? 임을 명백히 교훈하고 있습니다.

그러므로 고전 16장 14절에 "너희 모든 일을 사랑으로 행하라"고 했습니다.

1. 하나님을 얼마나 사랑하며 살고 있습니까?

시편 18장 1절 "나의 힘이 되신 여호와여 내가 주를 사랑하나이다"라고 고백할 수가 있습니까?

베드로처럼 "내가 주님을 사랑하는 줄 주께서 아시나이다"라고 고백할 수 있습니까?

선 중의 선은 사랑입니다.

복음성가에 이런 가사가 있습니다.

"세상에서 천년을 사느니 내 주와 함께 하루를 살겠네.

육에 속하여 천년을 사느니 영에 이끌려 하루를 살겠네.

주를 사모하는 자 복이 있나니, 주께 부르짖는 자 복이 있나니,

주께 의지하는 자 복이 있나니, 항상 주를 찬송하라.

세상에서 천년을 사느니 내 주와 함께 하루를 살겠네."

요한복음 14장 23절에 "예수께서 대답하여 가라사대 사람이 나를 사랑하면 내 말을 지키리니 내 아버지께서 저를 사랑할 것이요."라고 했습니다.

하나님의 말씀을 지키는 것이 바로 하나님 사랑하는 방법이요, 증거입니다.

2. 교회를 얼마나 사랑하고 있습니까?

교회는 건물이 아닙니다. 교회는 성도들의 모임입니다. 성도들의 모임이 바로 예배요, 훈련이요, 교제입니다. 기도입니다.

예배를 소중히 여기고, 기도를 즐기며, 감사와 사랑의 섬김이 날마다 이루어져야 할 것입니다.

교회가 멀어지면, 신앙이 떨어집니다.

교회중심의 신앙이 아닌 신앙은 훈련된 신앙이 될 수 없습니다.

교회는 주님의 능력의 오른 손으로 잡고 계십니다. "피로 값 주고 사신 교회"라고 말합니다. 교회에 상처를 주고, 교회를 어지럽히는 기업이나, 가정, 국가는 심판을 면할 수 없습니다.

3. 형제와 이웃을 얼마나 사랑하며 살고 있습니까?

눅가복음 6장 27-28절에는 "… 너희 원수를 사랑하며 너희를 미워하는 자를 선대하며, 너희를 저주하는 자를 위하여 축복하며, 너희를 모욕하는 자를 위하여 기도하라"고 했습니다.

최고의 사랑 행위는 복음을 전하고, 위하여 기도해 주는 것입니다.

레위기 19장 18절에 "원수를 갚지 말며 동포를 원망하지 말며 이웃 사랑하기를 네 몸 같이 하라. 나는 여호와니라"고 했습니다.

우리는 일만 달란트 빚을 탕감 받은 자와 같습니다.

일만 달란트 탕감 받은 자가 일백 데나리온의 빚을 진 형제를 용서하지 못하면 되겠습니까?

"너희가 너희를 사랑하는 자를 사랑하면 무슨 상이 있으리요, 세리도 이같이 아니 하느냐"(마 5:46)

우리가 하나님의 크고도 위대한 사랑을 입었은즉, 우리도 이웃을 사랑하는 것이 마땅한 것입니다.

사랑으로 하지 아니한 그 어떤 행위도 하나님은 기억지 아니하십니다.

W. 스코트는 "진실된 사랑은 오로지 신이 사람에게 준 선물이다"고 했습니다.

우리의 삶은 결국은 아무것도 남지 않지만, 사랑만은 영원히 영원히 남을 것이고, 하나님이 기억 하신 바 될 것입니다.

사랑하며 사는 것이 사명이요,

사랑하며 사는 것이 주님께 영광 돌리는 삶이요,

사랑하며 사는 것이 영원한 행복을 소유한 자들의 삶의 방법입니다.

심판의 기준은 사랑을 얼마나 실천하며 살았느냐? 입니다.

제11일(2006. 4. 12. 수)

최고의 행복은 사랑이다

(시 89:15-18)

인간은 하나님의 형상으로 창조되었습니다.

그러기에 타협할 수 없는 고귀함이 있습니다.

이 고귀함을 회복할 때, 인간은 하나님의 사랑을 깨닫게 되고, 그러므로 말미암아 필연적으로 하나님께 감사하며 하나님을 사랑하게 되고, 사람을 고귀하게 생각하고 사랑하게 됩니다.

하나님의 창조나 용서나 구별, 선택은 모두 하나님의 사랑입니다.

하늘로부터 넘치도록 부어주신 사랑입니다. 인간의 근원은 하나님의 사랑이며 모든 성취의 목적이 사랑입니다.

그러므로 범죄로 말미암아 하나님과의 깨어진 사랑이 회복될 때, 인간과 인간 사이에 깨어진 사랑도 회복되는 것이고, 사랑이 회복될 때 행복을 누리게 되는 것입니다.

예수님은 진정한 사랑이 과연 어떤 것인지 보여주시기 위해 오셨습니다.

그것이 바로 하나님의 성품인 사랑인 것입니다. 그 사랑을 깨달을 때, 그때부터 행복은 시작되는 것입니다.

그러므로 인간에게 가장 필요한 것은 사랑이며, 완전한 사랑에 의탁하고 실현되어질 때, 인간은 행복을 누리게 되는 것입니다.

사랑은 우리의 삶이 기본적인 창조 계획과 일치하게 합니다.

그러므로 산다는 것은, 사랑한다는 것을 의미하며, 사랑은 우리를 인간되게 하는 모든 것의 완성인 것입니다.

하나님이 사랑이시고, 인간이 하나님의 형상(이미지)으로 지음 받았기 때문에 우리는 사랑인 것입니다.

그러므로 다시 강조하지만, 사랑은 우리가 인간일 수 있는 조건입니다. 인간일 수 있는 조건을 무시하거나, 떠난 삶에 무슨 행복이 가능하겠느냐고 반문할 수밖에 없습니다.

사랑은 우리의 많은 소명들 중의 하나가 아니라, 생명을 공급하는 산소와도 같은 인간됨의 본질입니다.

그러므로 사랑을 배우는 것은, 인간의 본질을 배우는 것이요,

행복의 길을 찾는 길인 것입니다.

인간이 사랑을 배우는 것보다 더 중요한 배움은 없습니다.

사랑을 배우는 것은 하나님을 배우는 것이요, 하나님의 성품과의 일치를 노력하는 것입니다.

사랑은 고백과 회개와 순종과 섬김을 필요로 하며, 기독교 영성은 사랑에서 시작하여 사랑으로 끝나는 것이며, 이 과정이 영원한 천국의 삶을 현실적으로 누리는 삶이 되는 것입니다.

나는 행복합니까?

그렇지 않다면 사랑의 고백과 회개, 순종 그리고 섬김이 결핍되었기 때문이 아닙니까?

기독교의 영성이 내 인격화 된 삶으로 이루어졌습니까?

세상 사람들은 행복을 돈 버는 재미, 돈 쓰는 재미, 돈 모으는 재미에서 찾으려고 하지만, 그러나 솔로몬 왕은 이미 경험한 후에 고백이,

"헛되고 헛되며 모든 것이 헛되다"고 했습니다(전 1:2).

그러므로 하나님을 최고로 사랑하는 생활, 이웃을 내 몸처럼 사랑하는 생활, 거기에 참 행복과 삶의 보람을 느끼게 될 것입니다.

제12일(2006. 4. 13. 목)

성령 충만은 사랑 충만이다.

(롬 5:1-8)

성령이 내게 부은바 되시고, 성령이 충만하게 역사 하는 증거는, 방언으로 나타나기도 하고, 능력이 나타나기도 하고, 회개가 일어나며, 사명에 불타는 마음이 일어납니다.

그러나 그것보다도 더 중요하게 필연적으로 나타나는 증거는 "하나님의 사랑"을 깨닫게 되는 것입니다.

다시 반복됩니다.

하나님의 사랑이 내 심령에 뜨겁게 깨닫고, 느껴지는 것이 없는 가운데, 성령 충만은 결코 있을 수 없습니다.

그러므로, 많은 사람들이 자신에게 또는 여러 사람들에게 얼마나 속고 있는지 모릅니다.

우리는 어리석게 속지도 말아야 하고, 반면 속이지도 말아야 합니다.

1. 소망에 대한 확신은 성령의 역사입니다(6).

그리스도는 우리에 대한 하나님의 사랑의 확증이기에 이 소망은 더욱 더 견고해 집니다.

하나님은 하나님의 자녀들을 더욱 더 사랑하십니다.

이 사랑에 대한 확신이 우리의 믿음을 지탱하는 것이고, 환난을 통과하는 것이며, 인내하는 것입니다.

2. 사랑은 기쁨과 평화를 줍니다(5:1-2).

성령의 부으심으로 하나님의 사랑을 깨닫게 될 때, 기쁨과 평화가 넘치게 된다는 것입니다.

그래서 전보다 더욱 더 하나님을 사랑하게 됩니다. 불안, 공포, 두려움은 사랑이 없을 때 찾아오는 것입니다.

사랑(5), 기쁨(2), 평화(1)는 성령의 열매입니다.

열매 없는 성령의 역사, 다른 열매가 열리는 성령의 역사 있을 수 없는 것입니다.

그러므로 다시 강조하고 또 강조하고 싶은 것은 자신에게도, 타인에게도 속지 말아야 하는 것입니다.

우리가 사과가 열렸는데 자꾸 자두나무라고 말한다면, 얼마나 어리석은 주장이 되겠습니까?

그런데도 오늘날 다른 열매를 가지고 있으면서, 성령의 역사라고 속이고 있다는 사실입니다.

말씀 무시, 질서 무시, 교회 무시, 하나님 영광을 무시하고, 자신이 교주요, 자신이 하나님이요, 자신이 진리가 되어 있는 한, 영적인 사기 행각에서 탈출하기 힘든 것입니다.

3. 『사랑하기 위해 살겠습니다』라는 고백과 결단이 계속 되기를 바랍니다.

이것은

성령의 감동에 순종하겠습니다. 성령의 인도대로 따르겠습니다. 성령 충만을 계속 유지하도록 최선을 다하겠다는 고백이요, 결단입니다.

사단의 감동은 미움을 주는 것입니다. 미움만 보이게 합니다. 미움의 기억이 사라지지 않게 합니다.

이해하지 않고 오해하도록, 사랑하지 않고 미워하도록, 용서하지 않고 원수지도록, 희생하지 않고 타인의 희생을 강요하도록 합니다.

십자가 지지 않고, 영광을 추구하는 것, 사단의 감동입니다.

성령 충만은, 사랑 충만입니다.

악령 충만은, 미움 충만입니다.

나는 얼마나 사랑하며 살았습니까?

이기주의 사랑은 사랑이 아닙니까?

상업주의 사랑은 사랑이 아닙니까?

욕심은 사랑의 가장 무서운 적입니다.

사랑은 자신의 손해와 희생을 각오해야 합니다.

제13일(2006. 4. 14. 금)

능력 충만은 사랑 충만이다

(롬 8:35-39)

세상은 힘으로 유지됩니다.

악한 힘은 세상을 파괴하고, 하나님과 인간관계를 파괴하지만, 선한 힘은 질서와 보존과 생명과 안전을 유지하게 합니다.

세상에는 조직의 힘, 법적인 힘, 여러 가지 물리적인 힘이 있습니다만, 사실은 보이지 않는 정신적인 힘이 보이는 세상을 다스립니다. 그러나 보이지 않는 정신적인 힘 중에 사랑의 힘이 가장 강하게 나타납니다.

그리고 또 정신적인 힘의 근원이 영적인 힘에서 나올 때, 세상이 감당 못할 힘이 되는 것입니다.

영적인 힘은 하나님이 주십니다.

영적인 힘은 하나님의 사랑의 영이신 성령이 주시는 힘인 것입니다.

시편 27편 1절에 "… 여호와는 내 생명의 능력이시니 내가 누구를 무서워하리요"라고 했습니다.

시편 29편 11절에는 "여호와께서 자기 백성에게 힘을 주심이여 여호와께서 자기 백성에게 평강의 복을 주시리로다"라고 했습니다.

1. 모든 선한 능력은 하나님의 사랑에서 나오는 것입니다.

예수님께서 병든 자를 고치시고, 배고픈 자를 먹이시고, 이적과 기사를 행하신 모든 행위는 사랑에서 나온 능력입니다.

또는 주님을 뜨겁게 사랑하는 자에게 주님이 능력을 주시고, 한 영혼 한 영혼을 뜨겁게 사랑하며, 기도하고 복음을 전할 때 능력이 나타나는 것입니다.

복음이 하나님의 능력인 것은, 복음은 하나님의 사랑의 음성이요, 역사이기 때문입니다.

2. 하나님의 사랑에서 나오는 능력은 영원합니다.

시들거나, 변하지 아니합니다.

하나님의 사랑은 식어지는 인간의 사랑과는 다르기에 변질되기도 잘하는 세속적인 사랑과는 다르기에 그 능력 역시 영원한 것입니다.

초대교회 나타난 능력은 사랑의 능력이었습니다. 자기의 것을 팔아 각 사람의 필요에 따라 나누어주는 사랑의 능력이 충만했습니다.

십자가의 능력이 영원한 것은, 십자가는 바로 사랑이기 때문입니다.

3. 가장 큰 능력자는 하나님의 사랑을 누리는 자입니다.

야곱은 하나님의 사랑을 받았습니다.

다윗도 하나님의 사랑을 받았습니다.

하나님의 사랑을 입고, 누리는 자에게는 원수 마귀가 침노하지 못합니다.

사랑은 하나님과 인간 관계에서 뿐 아니라, 사람과 사람 사이에도 가장 강한 힘을 발휘할 수 있습니다.

4. 나에게 사랑의 능력이 있습니까?

오늘 본문이 말합니다. 그리스도의 사랑으로 맺어진 하나님과의 자녀들을 환란이나 곤고나 핍박이나 기근이나 적신이나 위험이나 칼로도 끊을 수 없다고 했습니다.

사랑 때문에 넉넉히 이긴다는 것입니다.

2천년 동안 기독교가 핍박과 환난 속에서도 계속 믿음이 전성되고, 복음이 확장된 것은 끊을 수 없는 하나님의 사랑의 능력 때문인 것입니다.

아가서 8장 6절에 "너는 나를 인(印)같이 마음에 품고 도장같이 팔에 두라 사랑은 죽음같이 강하고 투기는 음부같이 잔혹하며 불같이 일어나나니 그 기세가 여호와의 불과 같으니라"

사랑 안에는 두려움이 없습니다(요일 4:18).

그러므로 사랑 충만은 능력 충만이요, 능력 충만이 사랑 충만입니다.

사랑의 원천은 하나님이십니다.

우리 모두 사랑의 능력이 충만하기를 바랍니다.

제16일(2006. 4. 16. 월)

예수 사랑, 생명 사랑

(행 20:24, 막 16:15)

신앙생활은 예수를 믿는 단계에서 예수를 사랑하는 단계로 나아가는 삶입니다.

사랑에서 충성이 나오고,

사랑에서 순종이 나오고,

사랑에서 인내가 나오고,

사랑에서 헌신이 나오고,

사랑에서 사명에 불타는 것입니다.

그래서 예수님께서 시몬 베드로에게 "너는 나를 누구인줄 아느냐? 그리고 나를 믿느냐?"는 질문에서 "나를 사랑하느냐?"라는 질문으로 발전한 것입니다.

1. 예수 사랑은 순종으로 나타납니다.

사랑하는 자의 말을 무시하거나, 건성으로 듣거나 불순종하는 것은 있을 수 없는 현상입니다.

예수를 얼마나 사랑하느냐?는 얼마나 순종하는가?로 증명되는 것입니다.

2. 순종 중 대표적인 순종은 사명 순종입니다.

신자들에게는 사명이 있습니다. 이 사명은 크게는 동일합니다.

그것이 생명 구원입니다. 생명 구원은 생명 사랑에서 시작되고 이루어지는 것입니다.

『너희는 온 천하에 다니며 만민에게 복음을 전하라』고 하셨습니다(막 16:15).

너희는 「제자들」이고, 제자는 「믿는 자들」입니다. 대상은 「만민」이고, 방법은 「다니며」입니다. 「오도록 기다리는 것」이 아니라 「찾아가는 것」입니다.

신자는 누구나 전도와 선교의 사명이 있는 것입니다. 전도와 선교는 예수를 사랑하는 증거요, 또한 사람의 생명을 사랑하는 법입니다.

3. 생명 구원 사명은 희생이 따라야 합니다(행 20:24)

사도 바울이나 모든 사명자들은 사명 감당을 위해 희생을 각오했습니다.

산 생명이 생명을 사랑하고 구할 수 있는 것이지, 죽은 생명은 생명을 구할 수 없습니다.

그러나 산 생명이라도 자신의 생명을 희생할 각오가 실천 없이는 생명구원의 역사는 일어나지 않습니다.

한 알의 밀알이 땅에 떨어져 죽을 때 많은 열매를 맺습니다.

가정이나 교회, 국가 모든 조직은 희생자로 통하여 든든히 세워져 갑니다. 희생 없이 잘되기를 바라고, 다른 사람이 희생해 주기를 기다리는 것은 그리스도의 정신이 아닙니다.

기독교가 지구의 40% 가까이 전파되게 된 것은, 수많은 믿음의 열조들과 사명자들의 희생으로 이루어진 것입니다.

사도들도 다 복음 전하다 순교 당했습니다. 2천년 기독교 역사상 6천만 명이 순교 당했습니다.

지금도 먹을 것 절약하고, 입을 것 검소하면서 선교 사역에 동참하고, 또 선교사들은 실질적으로 일생을 드려 복음을 전하고, 특히 오지에서, 복음의 불모지에 위험을 무릅쓰고 복음 사역에 몸을 던진 자들이 얼마나 많습니까?

우리교회가 대단하지는 않지만, 조그마한 사역이라도 문서와 방송, 문화, 예술 여러 분야에 할 수 있는 것은 헌신 자들의 도움이 있기 때문인 것입니다. 저절로 되어지지 않습니다.

기적은 최선을 다하고, 더 이상은 사람의 힘으로 불가능 할 때 하나님의 판단에 의해 나타나는 것이지, 무조건 하나님께 다 일임하고, 나의 힘이나, 시간이나, 물질은 닫혀져 있는데서 나타나는 것이 아닙니다.

4. 나는 얼마나 생명을 사랑하며 사명에 충실해 왔습니까?

이제 더 이상 지난 기회 가지고 왈가왈부 할 필요 없이, 앞으론 어떤 계획을 가지고 삶이 계속 되기를 바랍니다.

그리고 다음부터가 아닌, 지금부터라도 내가 할 일이 무엇입니까?

전도와 선교를 위해 내가 받은 달란트가 적든지 많든지 최선을 다하여 할 일이 무엇입니까?

장위제일교회 새벽기도학교
삶의 질을 결정하는 믿음의기도

초판1쇄 - 2006년 8월 20일

지은이 - 김 기 원
펴낸이 - 채 주 회
펴낸곳 - 엘맨출판사

서울시 마포구 합정동 433-62
출판등록 - 제10-1562호(1985.10.29)

Tel. / 02-323-4060
Fax / 02-323-6416
e-mail / elman1985@hanmail.net

잘못된 책은 바꾸어 드립니다.
무단복제를 금합니다.

값 10,000원